社会科授業サポートBOOKS

# 社会科授業がどんどん楽しくなる

# 仕掛け術

どの子も社会科好きになる
授業ネタ&アイデア

佐々木 潤 著

- 鎖国をしない方がよかった？
- もし，税金がなかったら
- 究極の○○県弁当を作ろう
- 元がもう一度攻めてきたら
- 日本の地雷撤去の活動
- 大仏で世の中はよくなった？
- コメができるまですごろく
- 地図記号を体で覚えよう

 はじめに

「社会科の授業を楽しくしたい！」
　あなたは，そういう願いをもって，この本を手に取ってくださったのではないでしょうか？
　おめでとうございます。あなたは運がいい。この本は今までの社会科の本と違います。かしこまった正装のような授業ではなく，普段着のTシャツのような授業が詰め込まれています。いっしょに楽しい社会科の授業を考えていきましょう！

### 社会科は人気がない教科？

　ちなみに，あなたは小学校時代に社会科が好きでしたか？嫌いでしたか？この「好きか，嫌いか」について興味深いデータがあります。
　児童の各教科の「好き・嫌い」について，全国で行われた「義務教育に関する意識調査」（文部科学省：2005年6月）では，「好き」と答えた割合（複数回答）が，体育科が80.8％で1位，社会科は47.0％で最下位。2006年にベネッセが実施した「第4回学習基本調査報告書・国内調査　小学生版」でも，好きな教科の第1位は体育科で84.9％，社会科は48.0％で，ここでも堂々の最下位でした。社会科は嫌われているのです。
　『いやいや，これは9年前のデータなので，最近は違うでしょう…。』
　はい，若干変化がありました。
　学研が行った小学生の実態調査（2013年3月調査）の結果「小学生白書Web版」では，「好きな教科」で社会科は7位（4.9％），「嫌いな教科」では5位（6.9％）でした。（ちなみに，1位はどちらも算数。）
　調査を行った機関が違うことと，標本数や対象が違うので，単純に社会科好きが増えたとは言えないでしょう。いずれにしても，これらの調査の結果から言えることは「社会科は人気がない。」ということになるでしょうね。

### ■ その要因は？

　調査結果の概要では理由については触れられていませんでしたが，以前担任した子どもたちからは「何を調べたらいいかわからない。」「おもしろくない。」「むずかしい言葉が多い。」といった声が多く聞かれました。この言葉はおそらく一般的なものでしょう。この本を読んでいる皆さんはどうですか？子ども時代の社会科は暗記教科のイメージが強かったのではないですか？しかも，言葉が難しい，漢字が多い…。ああ，無味乾燥…。

　また，社会科の指導が苦手だと感じている教師も私の周りには多いです。「楽しくやりたいが，どう指導したらいいのかわからない。」ということが要因のようです。確かに，６年生では学習内容に対して配当時間が短かったりして，教える先生もあせって「覚えさせよう」というところに落ちていきます。聞いた話ですが，ひどい場合には「読み物社会科」，つまり，教科書の本文を読んでおしまいにする，という授業をやってしまう場合もあるそうです。結果，どうなるかというと，授業中に鑑真の肖像画に髪の毛やひげを描いたりする子どもが続出するのです。つまらないうえに内容はわからない…。社会科の人気がなくなるのも当然です。

　あとは，その逆。社会科の王道をやりすぎる先生。「自動車工場ではどんな工夫をしているのだろう。」学習問題を提示して，調べて，まとめて…。確かに王道です。でも，知的にはおもしろいのですが，これについてこられるのはクラスの３分の２ぐらい。ひどい場合は半分ぐらいです。ああ，これでは，やっぱり，社会科の人気は上がらない…。

### ■ 今こそ社会科を楽しくする仕掛けを

　そこで本書では，子どもが楽しく学べる社会科授業を紹介することにしました。ここに書いてあることは，私がこれまでの教師生活の中で試行錯誤しながら取り組んできた実践の中で効果があったものです。苦手な先生でも大丈夫！軽〜い感じの「ライトな社会科」です。きっと子どもが笑顔で社会科を学んでいきます。そして，教えている先生も笑顔になれます！

# 目次

はじめに　2

## 第1章　社会科を楽しく学ぶ仕掛けづくり

- ● 仕掛けづくりをこう考えよう ……………………………………… 8
- 1 授業にもウォーミングアップを ………………………………… 10
- 2 教材×○○○で楽しく学ぶ ……………………………………… 12
- 3 ネタの開発・資料の工夫 ………………………………………… 14
- 4 発問・学習問題，学習形態の工夫 ……………………………… 16

## 第2章　学年・単元別 楽しく学ぶための仕掛け術

### 【3・4年】

- ● 3・4年生の社会科授業を教える際のポイント
  「地域学習をなんとかしよう！」…………………………………… 18
- 1 自分たちの住む地域の地理 ── 「地図記号を体で覚えよう」……… 20
- 2 地域の人々の生産や販売 ── 「商店街をつくろう」……………… 22
- 3 地域の人々の生産や販売 ── 「ふるさとパックを作ろう」……… 24
- 4 水・電気・ガスについて ── 「水はどうやってきれいになるの？」… 26
- 5 廃棄物の処理について
  ── 「ごみのしょりをVTR・4コママンガで」… 28
- 6 地域における災害・事故 ── 「学校が火事になったら」………… 30
- 7 地域における災害・事故 ── 「消火栓はどこに作る？」………… 32

4

| 8 | 地域の人々の昔の暮らし<br>──「古いもの博物館・パンフレットを作ろう」 | 34 |
|---|---|---|
| 9 | 地域の人々の昔の暮らし ──「ビフォー・アフター◯◯◯」 | 36 |
| 10 | 47都道府県の名称・位置 ──「都道府県チャレンジ」 | 40 |
| 11 | 47都道府県の名称・位置 ──「都道府県カルタ」 | 42 |
| 12 | 県内の主な都市 ──「◯◯◯滞在記」 | 44 |
| 13 | 県全体の産業 ──「究極の◯◯県弁当を作ろう」 | 46 |

## 【5年】

● 5年生の社会科授業を教える際のポイント
「ICTの活用と学習問題の工夫を」 ································ 48

| 1 | 主な国の名称と位置 ──「日本はどこにありますか?」 | 50 |
|---|---|---|
| 2 | 世界の主な大陸と海洋 ──「フラッシュでおぼえよう!」 | 52 |
| 3 | 我が国の位置と領土 ──「日本の一番南の都道府県は?」 | 54 |
| 4 | 特色のある自然のもとでの人々の生活<br>──「この家は沖縄?雪国?」 | 56 |
| 5 | 特色のある自然のもとでの人々の生活 ──「引っ越し物語」 | 60 |
| 6 | 我が国の農業 ──「コメができるまですごろく」 | 62 |
| 7 | 我が国の農業 ──「広島でりんごを作っている?」 | 64 |
| 8 | 我が国の水産業 ──「すしネタはどこから?」 | 68 |
| 9 | 我が国の食料環境について ──「日本の自給率はどれぐらい?」 | 70 |
| 10 | 我が国の工業 ──「工場はどこにつくる?」 | 72 |
| 11 | 放送・新聞と国民生活とのかかわり<br>──「このCMはどこがポイント?」 | 74 |
| 12 | 放送・新聞と国民生活とのかかわり<br>──「ニュース番組ができるまですごろく」 | 76 |
| 13 | 情報社会と国民生活とのかかわり<br>──「まちがった情報でどうなる?」 | 78 |

## 【6年】

- 6年生の社会科授業を教える際のポイント
  「ドラマティック，ミニエクササイズ」……………… 80
1. 歴史の導入 ──────「地球の歴史を1年に例えると」…… 84
2. 狩猟・採集の時代 ─────「縄文人はグルメだった」……… 86
3. 農耕生活のはじまり ────「縄文→弥生 くらしの変化ランキング」… 88
4. 古墳時代 ───────「古墳の大きさは？」…………… 90
5. 大仏の造営 ──────「大仏のパーツを作ろう」……… 92
6. 大仏の造営 ──────「大仏で世の中はよくなった？」… 94
7. 貴族の生活 ──────「貴族の暮らしはいい暮らしだった？」… 96
8. 源平の戦い ──────「壇ノ浦の戦いを見よう」……… 100
9. 元寇 ────────「元がもう一度攻めてきたら」… 102
10. 戦国時代 ───────「戦国武将にヒーローインタビュー」… 104
11. 信長・秀吉・家康の天下統一
    ──「3人の武将で一番優れているのは？」…… 106
12. 江戸幕府のしくみ ────「大名行列クイズ」………… 108
13. 江戸時代の身分制度 ───「本当はこわいずいずいずっころばし」… 110
14. 江戸時代の文化 ─────「一人選んでまとめよう」……… 112
15. 黒船来航から明治維新
    ──「鎖国をしない方がよかったのか？」… 114
16. 日清・日露戦争
    ──「二つの戦争は日本にとってよかったのか？」… 116
17. 第二次世界大戦 ─────「焼き場に立つ少年」………… 118
18. 民主的国家としての再出発 ──「オリンピックの写真から」……… 122
19. 日本の政治 ──────「国会へ行こう！」………… 124
20. 日本の政治 ──────「もし，税金がなかったら」…… 126
21. 基本的人権の尊重
    ──「もし，基本的人権の○○○がなかったら」… 128

22 平和主義・国際貢献
　　　　　　　　──「第二次大戦以降戦争をしていない国は？」… 130
23 平和主義・国際貢献 ──────「日本の地雷撤去の活動」………… 132
24 世界の国々 ────────────「世界の国々クイズ大会」………… 136

## 第3章 「楽しい」を「さらに深く学ぶ」に つなげていくために

1 『新しく知る』ことが社会科の最大のおもしろさ ………………… 138
2 資料の読み取らせ方 ……………………………………………… 140
3 ノートの鉄則「バン・カイ・ギ」………………………………… 142
4 自分の考えの書き方 ……………………………………………… 146
5 知識もきちんと定着させる ……………………………………… 148

おわりに　150

# 第1章　社会科を楽しく学ぶ仕掛けづくり

### 楽しい社会科にするには？
## 仕掛けづくりをこう考えよう

### ●●● 王道だけではついてこれない ●●●

　社会科の王道といえば問題解決学習です。子どもたちが疑問を出して学習問題を設定し，それについて見通しをもち，調べて，表現する。または，討論する，発信する。いいですねえ。実にいい。これこそ社会科の醍醐味です。こういう社会科こそ，社会科の中の社会科です。私もこのパターンを実践しています。このやり方は間違いではないし，世の中の社会科教師に聞いても，このやり方を支持する人が多いでしょう。これは社会科の王道です。

　でも，あえて言いますが，これだけでは，子どもはついてこれません。このパターンを踏みさえすれば子どもが楽しく学習を行うわけではありません。意欲的に学習に取り組むという保証はありません。それはなぜか？このやり方では子どもにそれなりのスキルがないと，学習のおもしろみを味わえないからです。では，どうしたらいいか？それにはやり方がいくつかあるのです。

### ●●● 興味があるものを切り口にする ●●●

　一つ言えるのは，間口を狭くしてより具体的なものを切り口にするといい，ということです。例えば実物。マグロの延縄を見せて，『何をとる道具だろうね？』と問えば，子どもはそれをまじまじと見つめるでしょう。この大きさは…。大きい魚…。マグロだとわかったら，『釣竿がないねえ。どうやって使うんだろうね？』。それがわかったら，『どれぐらいの長さなんだろうね？』『巻き取るのにどれぐらい時間がかかるんだろうね？』『どこの海で獲れるんだろうね？』と問うていくうちに，遠洋漁業全体の話になっていきます。切り口はすごく具体的なものにして興味を引き，だんだんと内容を広げていき，ねらいにせまる，というやり方です。

　体験から入る，というやり方もあります。例えば，かまぼこ工場の学習の

際に，まずはかまぼこを作ってみるのです。袋に書いてある材料を見て，子どもたちと作ります。できたてはおいしいのですが，冷めるとおいしくなくなります。そこで，『工場ではどうやって作っているのかな？』と問えば，子どもは「見学に行きたい！」と強く思うでしょう。

## ●●● 楽しいものと組み合わせる ●●●

　とはいえ，毎回具体物を準備したり，体験したりするのは骨が折れます。もっと手軽に楽しくしたいですね。どうしましょうか？その方法とは，何か楽しいものと組み合わせるというやり方です。一番簡単なのは，覚えたいことをクイズにして『それでは，第１問！』とかやると盛り上がりますね。早押しの機械なんてあったらもう大変。大盛り上がりです。つまらないはずの暗記が，すごく楽しいものに早変わりです。他にも，ゲームと組み合わせる，テレビ番組の枠組みにはめ込む，ちょっとギャグを入れるという方法もあります。

　このやり方は，無味乾燥な知識を覚えたり，平板な授業展開になりがちな単元をやったりするときに有効です。暗記をただの暗記じゃなくしてしまう効果があります。

　人間の脳は楽しいことを覚えるようにできているそうです。ですから，何か楽しい活動とコラボさせることで，「あ，これ，なんか楽しい。」と錯覚させるのです。最初が楽しいと，あとは多少つまらなくても勢いでそのまま流れていきます。苦い粉薬を飲むときに，オブラートでくるんであげると飲みやすくなるでしょ？それと同じです。つまらない内容を，楽しさというオブラートでくるんであげると，子どもはそれを飲んでくれます。飲み込んでくれたら，こっちのものです。あとは胃袋まで流れていくだけです。

　考え方を変えましょう。王道だけではダメです。もっと邪道なものにも目を向けましょう。たとえ邪道でも，楽しい授業の方が100倍いいです。

# ① 楽しい社会科にするために　その1
## 授業にもウォーミングアップを

### ●●● 準備運動は体育だけじゃない ●●●

　体育では授業の初めに準備運動をするのに，他の教科ではやりませんね。でも，社会科だって準備運動は必要です。頭のウォーミングアップをするのです。授業の初めの5分から10分程度をこれに当てます。ここではシンプルでわかりやすい活動を行います。さらに，ゲーム性のあるものや，笑えるものを取り入れることで，楽しさが倍増です。

　授業の初めに楽しいものをすると，明るい雰囲気で授業に入ることができます。ここがポイントなのです。

### ●●● フラッシュカード ●●●

　例えば，6年生の歴史で覚えておきたい基本的な出来事や人物名がありますよね。これをただ覚えるのは難しいし，つまらないですよね。ですから，これをフラッシュカードにして繰り返し，見て，答えることで覚えていくようにします。授業の最初に毎回やるのでだんだん覚えていきます。しかも，この中に，ちょっとしたダジャレやギャグを入れていくと，楽しくできますし，子どもたちもよく集中するようになります。

　フラッシュは3年生の地図記号，4年生での都道府県の位置や，特産や観光地，形などでも使えます。5年生でも，海流の名前や外国の位置，緯線，経線などを覚えるのにも使えます。（詳しくは第2章を参照）

### ●●● 都道府県カルタ・歴史人物カルタ ●●●

　カルタは昔からよく社会科では取り入れられてきたものです。これを毎回のように，授業の最初に取り入れるのです。

　例えば，4年生で都道府県を覚える，という目標があります。これは，何

も位置と名前だけ覚えればいいわけではありません。名産や有名な観光地などもいっしょに学んだほうがいいのです。なぜかというと、これを覚えておくと、5年生の産業学習になった時に、全国各地の名産がそのままその土地の産業に結び付くのです。では、これを覚えるにはどうするか？そうです。カルタです。カルタというゲームを行うことで自然に覚えられるようにするのです。

　同じような理由で、歴史人物についてもカルタで覚えます。教科書に登場する歴史人物は人数が多いうえに、鑑真と行基のようにまぎらわしいものもあります。そこで、カルタを使うことでその人物のキーワードを覚え、人物理解につなげるのです。（詳しくは、これも第2章を参照）

## ●●● ミニテスト・クイズ ●●●

　もっとストレートに知識を定着させる時もあります。ミニテストがそれです。例えば、都道府県を地方ごとに白地図にして都道府県名を記入させるプリントを用意し、それに書き込ませる、というやり方があります。東北地方を合格できたら、次は関東地方、中部地方…、最後には全国を、という進め方にすると、子どもたちは早く合格したくて一生懸命に覚えようとします。解き進める、ということで意欲を喚起できます。

　他にも、前の時間にやったことを5問出して、回答をノートに書かせてから答え合わせをする、というオーソドックスな方法もあります。前の時間、というところがポイントで、正答数によって自分の理解度がわかるわけです。意外かもしれませんが、子どもはこういう単純な方法に食いつきます。3回に1回ぐらいはこういうスタンダードなやり方をミックスしておくと、変化があってよいです。（これも、第2章を参照）

　このように、授業の最初にミニエクササイズ的なことを行うことで、学習に入りやすくなります。

## 2 楽しい社会科にするために その2
## 教材×○○○で楽しく学ぶ

　教材をそのまま扱っておもしろいものもありますが，そのままやると平板になってしまうおそれもあります。確実におもしろくするには，何かと掛け合わせることです。教材と○○○をコラボレーションするのです。

### ●●● 教材×テレビ番組 ●●●

　子どもはテレビが好き。だったら，テレビ番組のフォーマットを教材に組み込んじゃえ！っていうのがこのやり方です。

　例えば，4年生で地域のために尽くした先人・偉人について学ぶ単元がありますね。困難な状況を自分の知恵や技術で解決し，地域を発展させた人…。ん？これって「ビフォー・アフター」に似てないか？

　そうなんです。実は先人・偉人を「匠」だと見立てれば，あのリフォーム番組，「大改造‼劇的ビフォー・アフター」のフォーマットと同じなのです。これを使わない手はありません。（進め方については第2章で紹介します。）

　この他にも外国を訪問したり，仕事を体験したりする番組（例えば，「世界・ふしぎ発見！」など）のフォーマットを授業に取り入れるのです。こうすることで楽しさが増幅します。

### ●●● 教材×シミュレーション ●●●

　バーチャル体験，と言ってもいいかもしれません。「そこに行ってみた。」「それをやってみた。」という体験を"したつもり"になって，それを綴るのです。

　例えば，5年生の「暖かい地方の暮らし」の単元。大体は沖縄の気候や産業などについて学びます。これを，沖縄に"引っ越したつもり"になって絵日記を書くのです。引っ越すには，家を探さなければなりません。沖縄の家はどんな家なのか，調べないとその様子を書くことはできませんね。着てい

く服は何がいいでしょう？気温も調べなければなりません。しかも，絵に描きますから，資料をよく見るようになります。子どもは，お話を作るのが大好きですから，喜んで取り組みます。

### ●●● 教材×すごろく ●●●

　これは，順序性があるものを扱う時に使えます。例えば，コメ作り，ニュース番組作り，飲料水ができるまで，などの学習のまとめとして「すごろく作り」に取り組ませます。

　これの何がおもしろいかというと，すごろくですから，ほら，あれがあるのですよ。そう，「１回休み」とか，「３ます戻る」などの定番のコマンドです。「台風が来てコメが倒れたので３ます戻る」とか，「ビデオカメラが壊れて１回休み」とかを書き入れるのが楽しいんですね。

### ●●● ４コママンガ ●●●

　これも，調べたことをまとめる時に使います。これは，内容がいくつかのトピックに分かれているような単元に適しています。例えば，ごみの始末について学習する場合，燃やせるゴミ，資源ごみ，燃やせないゴミによって始末の仕方が違いますね。一つ一つ丁寧にまとめていると時間が無くなります。そこで，４コママンガにまとめる，というやり方を使うのです。

　これを，燃やせるゴミの場合，資源ごみ（カン，ペットボトルなどと分けます。）の場合，燃やせないゴミの場合，と描いていきます。あまり長くなく，しかも絵に描いたり，吹き出しにセリフを入れたりしてまとめていくので，興味も続くし，何より４段階にコンパクトにまとめるところがシンプルでわかりやすいです。

　このように，教材と何か楽しいものを組み合わせていくと，子どもたちはおもしろがります。

## 3 楽しい社会科にするために その3
## ネタの開発・資料の工夫

　これは，少しハードルが高いです。でも，これは知的好奇心を喚起する活動です。やってみる価値は十分にあります。知ることの喜びを味わえます。

### ●●● 有田和正先生の数々のネタ ●●●

　みなさんもおそらくご存じのずいずいずっころばし。何をうたっているのか知っていますか。「…茶つぼに追われてとっぴんしゃん，抜けたらどんどこしょ。」のフレーズがヒントです。
　答えは「『将軍が飲むお茶つぼの行列（大名行列並みの威厳がありました。）をじゃましたら絶対だめだよ。』と子どもに教えている歌」なんです。これは，江戸時代の身分制度の学習で使います。（授業の流れについては第２章で）
　一昨年逝去された，社会科の巨人，有田和正先生はこのような興味を引くネタの数々を開発していらっしゃいました。導入でこれを使うと，子どもは食いついてきます。これについては，有田先生の数々の著作に載っていますので，ぜひご覧になってみてください。

### ●●● 写真・絵図資料の読み取りから ●●●

　よく「この写真を見て気づいたことはありませんか。」という発問を見かけますが，これはあまりにアバウトです。資料をよく観察させたいのであれば，発問を工夫するのです。
　縄文時代の絵図を見せて，「季節はいつでしょう。」と問えば，中に描いてある食べ物や服装に注目するでしょう。鎌倉時代の武士の家の絵図を見せて，「この中で戦いに備えていたとわかるものは何ですか。」と聞けば，家のつくりや武士の生活の様子に目を向けるようになります。
　このように，視点を与えて見るようにさせれば自然とじっくりと見るよう

になるのです。この資料の読み取り方，資料の選択の仕方についてもコツがあるのですが，それは第3章で。

### ●●● 実物の威力 ●●●

実物の威力は絶大です。見学に行くことの効果は誰もが体験したことがあるでしょう。実際に見ることで，細かいところにも目が行き，いろいろな発見や疑問が生まれてきます。消防署の見学に行き，消防服を着させてもらえることがよくあります。子どもたちはその重さに驚きます。そして，こんな重いものを着て消火活動をしている消防隊員の大変さを実感します。これは，実物ならではのことです。

見学に行かずとも，実物を教室に持ち込むことで，子どもたちの注目を集めることができます。例えば，縄文土器のレプリカを持ち込んで，『何に使ったのでしょうね？』と問えば，大きさや形状から想像するでしょう。写真だけでは大きさが実感できません。ここが実物のいいところです。

### ●●● NHKのサイト，YouTube ●●●

実物がだめなら，動画を使うのがいいです。今では手軽に必要な動画をインターネットから見つけることができます。例えば，原爆の威力を見せたいなら，YouTubeにあるものを使えます。また，NHKのサイト「NHK for school」社会科にもおもしろい動画がいくつかあります。映像のプロが作っているので，実に効果的です。（個人的には，「歴史にドキリ」が秀逸だと思います。挿入されている歌が子どもの興味を引きます。社会が苦手な子どもも楽しめるものになっています。）

このように，ちょっとひと手間かけることで授業が楽しくなるのです。少しハードルが高いですが，がんばってみましょう。

## 4 楽しい社会科にするために　その4
# 発問・学習問題，学習形態の工夫

　ここで紹介する取り組みは，さらにハードルが高いです。でも，これもひと手間です。これを工夫することで，授業は格段に活性化します。

### ●●● 発問の工夫 ●●●

　社会科の場合，学習問題とも言われる場合がありますね。これにはいくつかの型があります。元文科省調査官，現・国士舘大学教授の北俊夫先生の分類を参考にすると，大体次の4つに分かれます。

---
① 事実追究型：「どのように〜だろう。」「〜は何だろう。」
② 原因追究型：「なぜ〜だろう。」「どうして〜だろう。」
③ 体験活動型：「〜をやってみよう。」「〜をしよう。」
④ 意思決定型：「〜と〜のどちらがいいだろうか。」「〜するにはどうすればいいだろう。」
---

　一番多いのは，事実追究型です。教科書の扉のページに多く書いてありますね。これが多いのは，簡単だからです。例えば，「低い土地ではどのような暮らしの工夫をしているのだろう？」といった感じです。子どもは何がわかったかをまとめればいいのです。わかりやすいし，先生も教材研究が楽です。でも残念ながら，平板になりがちです。

　原因追究型は，社会的な思考力が発揮されるので実に社会科らしい授業になります。「庄内平野で米作りが盛んなのはなぜだろう？」という感じです。子どもたちは教科書や資料集を調べたりしながら，一生懸命に考えるでしょう。いろいろな意見が出て盛り上がります。でも，難しいです。調べて考えるのですから当然そうなります。

　体験活動型は，活動内容がそのまま指示のような形になっているものです。ですから，これは活動の内容を吟味することが求められます。

意思決定型は，二者選択だったり，自分の考えを問われたりするものなので，ある意味で誰でも回答できるものです。しかも，その子のレベルによっては，答えた理由を詳しく解説したりできるので，社会的な思考力も発揮されます。
　これらの型を，子どもの実態や自分のやりたいことに合わせて，授業を組み立てていくときに使い分けていくのです。

## ●●● 学習形態の工夫 ●●●

　日本全国で，一斉指導から個別学習へというムーブメントがありますね。文科省でも「アクティブ・ラーニング」を奨励しています。実際，お行儀よく前を向いて1時間過ごすのって大人でも疲れます。自分のペースで自由に勉強する時も欲しいです。自分のペースで学習することで集中もできます。また，グループの人と話し合うことも思考力を発揮させますし，いろいろな人の考えに触れることで自分の考えも深まります。学習を活性化するには，こうした学習形態の工夫も求められているのです。
　社会科の場合，比較的，こうした学習形態の工夫を取り入れるのは難しくありません。調べる活動は基本的に個別です。また，自分の考えを書いたり，発言したり，グループで話したりする活動も取り入れやすいです。こうした個別学習の形態やグループ学習の形態を，1時間の中に，または，単元の中に位置づけていくのです。どこで取り入れるか，どんな形態にするか，については子どもの実態によります。自分で進められるだけの経験があれば，個別やグループの割合を増やし，少なければ，割合を減らし，徐々に増やしていけばよいのです。

　これらのことは一見難しそうですが，やってみるべき価値のあることです。

# 第2章　学年・単元別 楽しく学ぶための仕掛け術

## 3・4年生の社会科授業を教える際のポイント
# 「地域学習をなんとかしよう！」

### ●●● 生活科の延長線上に ●●●

　社会科は3年生から始まります。子どもたちは2年生で学校の周りのことや地域のことを少し勉強しているので、それをふまえたうえで進めるといいです。学区探検をしたことはあるでしょうけど、それを地図にするところが社会科です。そこで地図記号を学びます。いろいろな施設や店があることは、知っていますが、そこで誰が、どんな仕事をして自分たちの生活とつながっているのかを知るところが社会科です。

　こうして、生活科での経験をベースに一段レベルアップするような感じで授業デザインをしていけばいいわけです。

### ●●● 地域を知ること ●●●

　具体的には次からの実践例に書いてありますが、基本的には3年生は学区や自分の住んでいる市町村のこと、4年生は県のこと、というように学習の対象が広がっていきます。当たり前のことですが、まずは、身近なところから始めていくといいです。

　そのためには、事前調査や取材は欠かせません。でも、これが大変ですね。そもそも地域に何があるのか、先生自身がよく知らなかったりします。では、どうすればよいか？一番手っ取り早いのは、その学校の勤務歴が一番長い先生に聞くことです。そうすると、あそこに何があるとか、そこにこういう人がいるとか教えてくれるでしょう。それから、子どもに聞くことです。これは授業の中でもできます。

　でも、やはり一度は自分で見に行っておくとよいですね。放課後に行ければ一番いいのですが、難しければ、仕事の帰りにちょっとぐるっと回ってみましょう。それだけでもずいぶん違いますよ。

4年生の場合は，消防署や警察署，浄水場，ごみ処理場など公共機関についての学習もあるので，見学する場合には折衝する必要があります。これは直接電話して交渉するしかないです。見学する際には，下見が必要です。これは最低限行っておくことです。それから，見学時の注意事項を確認し，子どもたちの質問事項も届けるようにします。手間はかかりますが，見学は子どもにとって大きな学びになるので，多少面倒でも下準備をきちんと行うようにしましょう。もし，見学できない場合は，質問事項について答えてもらうとか，ゲストティーチャーとしてきてもらうなどのやり方があります。

　いずれにしても，ちょっとひと手間かけることで，ずいぶん変わってきます。

### ●●● 具体的であること ●●●

　3・4年生は，まだ抽象思考が難しい年齢です。ただ『スーパーマーケットでは，売るためにどんな工夫をしているでしょう？』と問いかけても，すぐに答えが返ってくることはあまり期待できません。自分の生活経験のみに頼るしかないからです。むしろ，写真を見せて，『この中に売るための工夫があるんだけど，見つけられるかな？』と問いかけた方が，子どもたちは答えやすいでしょう。それを何度か行ってから，『他にどんな工夫をしているかな？』と続けていくと，自分の記憶が不確かであることに気づき，「行ってみたい！」と，見学への意欲につながっていきます。

　それから，活動の進め方も細かく伝える必要があります。口頭だけでなく，黒板に書いたり，または，シラバスにして計画表を渡したりすると「何を」「いつ」「どうする」のかがはっきりするので，迷うことがなく活動に集中することができます。

　このように，3・4年生は地域のことを素材として，座学よりも体験の割合を多くしていくと楽しく学べます。

第2章　学年・単元別 楽しく学ぶための仕掛け術　19

## 3・4年 自分たちの住む地域の地理

# 1 「地図記号を体で覚えよう」

### こうして仕掛ける！

3年生で初めて出てくる地図記号。これをただ「覚えましょう。」と言っても，平板な学習になってしまいますね。そこで，地図記号を体で表す，という活動を行います。これを行うことで，楽しく，しかも印象的に地図記号を学ぶことができます。

#### 仕掛けるための準備・ツール
○ 地図記号のスライド（まず地図記号が出て，次にその答えが表示されるようにする。プレゼンソフトで作り，プロジェクターで映すとよい。）
○ 地図記号の一覧表（プリントにして配付）

### こうして授業展開！

地図記号はとても魅力的な素材です。そのものを象っていたり，由来があったりします。それも踏まえつつ，楽しく覚える工夫をします。

① スライドで地図記号を映して，それが何か，当てていきます。その際には，なぜそういう記号になったのかについても解説していきます。
　例えば、消防署の記号は，昔，火を消すときに使った「さすまた」を象っています。（国土地理院のホームページには地図記号の由来がたくさん載っているので参考にしてください。）

消防署

② たくさん見せても覚えきれないので，意味のわかりやすいものを15個ぐらいにします。（学校，消防署，警察署，病院，郵便局，工場，お寺，

神社，飛行場，温泉，図書館，老人ホーム，水田，畑，港など）
③　ここまでで，完全に覚える必要はありません。ここから，少しずつ覚えていけばいいのです。ここで，地図記号のプリントを渡します。プリントには②で紹介した15個の地図記号を書いておきます。
④　『ここに，いくつか地図記号が書いてあります。これをグループで協力して，体で表してください。できたら，先生に教えてください。写真に撮ります。』と指示を出して，活動開始です。

学校（小・中学校）

⑤　さっそく大騒ぎで活動です。『何をつくるんですか？』「学校です。」『じゃあやって見せて。』「こっちに来

病院

て！」「次，こうだよ！」『おーできましたねえ。じゃ，撮りますよー！』ということを繰り返していきます。一つできたグループは，違うものを作るようにします。
⑥　こうして作った地図記号の写真をスライドにして，クイズ形式で出していきます。『では１班のつくった地図記号です！さて，なんでしょう？』と言いながら映していきます。これに答えることで，さらに地図記号を覚える，という仕掛けです。

> ここもポイント！

①　１グループは４，５人程度で行う。
②　床面積の広い教室や体育館で行うのがベスト。
③　この活動は１時間では収まらないので，撮影に１時間，発表クイズに1/2時間程度の配分で。

## 3・4年 地域の人々の生産や販売

## 2 「商店街をつくろう」

### こうして仕掛ける！

　地域の商店で販売をしている人たちの工夫について学びます。消費者の視点から抜け出すために，「自分たちで商店街をつくるとしたら」というシミュレーションの形にすることで売る側の視点に立って，消費者のニーズを考えることができます。

#### 仕掛けるための準備・ツール

○　学区や町の地図。個人用と掲示用の2種類。3年生でもわかるようにデフォルメするとよい。
○　商店街をつくる通りの地図。これも個人用と掲示用の2種類。

### こうして授業展開！

　新しく商店街をつくるとしたら，どんなものにするかを考えます。つくる場所は，実際にある場所でも架空の場所でもよいです。架空の場合，立地が問題になるので，例えば駅が近くにあるとか，住宅街の近くとか，他の条件を明示します。

　考える活動としては，大きく分けて

| ①　どんな店をつくるか考える。 |
| ②　どんな品物を売るか考える。 |
| ③　お客さんを呼ぶための工夫を考える。 |

の3つです。

　どの活動についても，子どもが提案をして，それを吟味するという形で行います。

① どんな店をつくるか考える。
　ここでは，何を売る店が必要か考えます。「肉屋」「魚屋」「本屋」「服屋」「コンビニ」など，いろいろなものが出てきます。(「スーパーマーケット」が出ることがありますが，ここでは入れないこととします。なぜなら，スーパー1軒で買い物が終わる場合もあるので，そうすると商店街はあがったりです。ということで入れないことにします。)
　「遅く帰る人もいるので，コンビにはあったほうがいい。」「いや，他の店も遅くまでやればいい。」「そうしたらお店の人が大変。」などの話し合いがなされます。実は「店を考える＝ほしい店を考える」なのです。知らず知らずのうちに，消費者のニーズに合わせて商店はあるのだということを学んでいきます。

② どんな品物を売るか考える。
　「(品質が)いいものを売ります。」「安いものを売ります。」「あんまり安くしたら，もうからなくなるでしょ。」「それは困る。」
　ここでも，安く売った方がいいのはわかるけど，それだけでは営業できないことに気づいていきます。

③ お客さんを呼ぶための工夫を考える。
　「駐車場が広い方がいいってお母さんが言っていました。」「休むためのベンチがあるといいです。」「買い物で手がふさがっているときもあるので，全部の店に自動ドアをつけるといいです。」「それはお金がかかりすぎます。」というように，ここでも設備投資と集客の二つの兼ね合いについて気づいていきます。

### ここもポイント！

① 提案はグループごとに行うとよい。
② 実際に地図の上に商店街（絵でも模型でも）をつくるとよい。
③ 時間があれば，商店街ごっこをするとおもしろい。

## 3・4年 地域の人々の生産や販売

## ③ 「ふるさとパックを作ろう」

### こうして仕掛ける！

　地域おこしのために，地域の地場産品を詰め合わせたものがよく売られていますね。それと同じように，自分たちの住んでいる市や町でよく作られているものを集めて「ふるさとパック」としてまとめます。ふるさとから離れて住んでいる人がなつかしくなるようなもの…。ということで「ふるさとパック」と名づけます。これをすることによって，地元の名産を知ることができます。また，絵や模型にすることで意欲が高まります。

#### 仕掛けるための準備・ツール
○　地域の観光協会のパンフレット
○　地域の社会科副読本（「わたしたちの○○○」というようなもの）
○　模型を作る場合は，色紙，ダンボール，工作用紙，発泡スチロールなど

### こうして授業展開！

① まず，遠くに住んでいる人が懐かしく思ってもらえるような地域の名産品を詰めて「ふるさとパック」を作ることを伝えます。その際に，絵や模型にすることも伝えます。
② ふるさとパックに入れる品物を決めます。これは，個人でもグループでもいいですが，必ず最後にクラス全体で話し合うことを伝えておきます。
　最初に，どんなものを思いつくか，挙げさせます。「蛇田でいちごをたくさん作っているので，いちごがいいと思います。」「ほやがたくさん取れると聞いたのでほやがいいです。」などという意見が出るでしょう。中には，自分の間違った知識から発言する子も出てきます。そこで，「本当に

それは有名なのでしょうか？ちゃんと調べてみるといいね。」と言い，調べて確かめることを促します。そして，資料（地域の観光協会のパンフレットや地域の社会科副読本）で調べるようにさせます。インターネットを使える環境があるなら，子どもと一緒に調べてみるのもいいでしょう。

　調べる活動を行ってから，パックに入れるものを自分で，またはグループで決めます。

③　自分で，またはグループで決めた品物を発表し，それが「ふるさとパック」に適しているかどうか，話し合います。ですから，ここではなぜそれを選んだのか，という理由付けが重要になります。発表の際には，話し方も教えます。「私は，さんまがいいと思います。なぜかというと，『わたしたちの石巻』（副読本）に，秋にたくさん獲れると書いてあったからです。」という形を教えておくと，のちのち役立ちます。

　３年生なりに妥当性を吟味して，「ふるさとパック」に入れるもの，入れないものを決めたら，入れるものに決まったものから，自分の，またはグループのパックの品物を見直します。

④　絵や模型にします。時間があれば模型にした方がそれっぽくなります。３年生の子どもたちは，この絵を描くとか模型を作る活動にとても意欲的になりますので，ぜひ取り入れましょう。

### ここもポイント！

① ものを作る仕事のまとめとして行うとよい。大体３時間程度かかる。模型作りも入れると４時間。
② 模型にする場合は見本があるとよい。
③ 模型にする場合は本物の包装を使うとおもしろい。

3・4年 水・電気・ガスについて

# 4 「水はどうやってきれいになるの？」

## こうして仕掛ける！

　水道の水がどこからきているのか，知っていたとしても，もとの水がどんな状態なのかを知ることはありません。きれいになる前の水を見て，そしてそれがどうやってきれいになるかを調べたうえで，実際にきれいにする体験をしてみます。こうすることで，実際の浄水場の働きについての理解が深まります。体験によって意欲も高まります。

### 仕掛けるための準備・ツール

○　水源の水。一人分は200ｍℓ程度。２ℓのペットボトル４本あれば十分。これを汲んできておく。
○　水道の水。水源の水と同じ入れ物に汲んでおく。
○　500ｍℓのペットボトル。綿，砂利，砂。子どもが個人で準備。

## こうして授業展開！

①　まず，水道の水を蛇口から逆にたどっていきます。『蛇口の水はどこから？水道局？その前は？』と発問でやりとりしながら水源がどこかというところまでたどり着きます。（だいたいは副読本などに載っています。）
②　次にその水源（川であることがほとんどです。）の水を見せます。一見きれいに見えますが，よく見るとごみがたくさんあります。濁りもあります。これをよく観察させます。そして，水道の水を見せます。『こちらはきれいですね。（指しながら）この川の水が，このようになります。どうやってきれいにするのでしょう？』と問います。実物を見せながら問うので，これだけでも子どもの興味は高まります。

③　次に，実際にどのようにして水源の水がきれいになっていくのかを調べます。見学ができればいいのですが，できない場合は副読本やインターネットで調べます。

④　調べたことをもとに，実際に川の水をきれいにしていきます。手順は次の通りです。

　　○　砂と砂利をきれいに洗っておく。
　　○　ペットボトルを半分に切り，上半分を逆さにして下半分に入れる。
　　○　上半分に綿，砂，砂利を順番に入れる。
　　○　水源の水を上から注ぎ，下に水をためる。

これをするとだいたいきれいになります。ごみや濁りもなくなります。でも，『これで飲めるようになりましたか？』と聞いても「まだ，だめ。」と答えるでしょう。（というか，答えなかったらここまでの学習が生きていないことになります。）『なんで？』「消毒していないから。」『そうだねえ。』というやりとりをしてください。この体験で，水をきれいにするのは大変だということに気づいていきます。

#### ここもポイント！

①　水が確保できなければ，どこかの川の水や濁った水を使う。
②　きれいになった水を子どもが飲まないように，事前に言っておく。

第2章　学年・単元別 楽しく学ぶための仕掛け術　27

3・4年 廃棄物の処理について

## 5 「ごみのしょりをVTR・4コママンガで」

### こうして仕掛ける！

資源ごみのしょりについて調べるときに問題になるのは，見学だけではリサイクルの最後までを追跡しきれないことです。そこで，VTRを活用します。見学でわからない部分はVTRで調べるのです。文章やイラストではわからないこともVTRで見ることでわかるようになります。

そして，それをシンプルに4コママンガにします。マンガにすることで子どもたちは興味をもって学習します。

#### 仕掛けるための準備・ツール

○ インターネットで，リサイクルに関するVTRを見せる。（YouTubeなどによいものがある。「THE MAIKING」シリーズはとてもくわしい。15分程度の長さ。）
○ または，動画のあるサイトのURLを調べておく。
○ プロジェクターや電子黒板などVTRを映せる機器。PC。

（画像提供：サイエンス チャンネル（科学技術振興機構））

### こうして授業展開！

① 資源ごみの行方について学習することを伝えます。
② 見学，調べる学習などで資源ごみの処理について，概略を学習します。
③ 資源ごみ（ペットボトル，古紙，アルミ缶，スチール缶，ビン）の中か

ら，自分が知りたいものを一つ選びます。それがどのようにリサイクルされていくのかを詳しく調べて，4コママンガにまとめることを伝えます。
④ 次に，実際に調べていきますが，リサイクルについてのVTRがあることを最初に知らせ，それを活用するように助言します。PC室で各自サイトを開いて調べてもよいですし，教室でプロジェクターなどを使って全員に映して見せてもよいでしょう。各自で見ると，気になるところを繰り返し見ることができるというメリットがあります。全体に見せると，大事なポイントについて教師がコメントをすることができます。それぞれによい

点があるので，子どもの実態によって選択しましょう。また，動画を見ているときは，どうしても見ることにだけ集中しがちなので，適宜メモを取るように習慣づけておきます。

⑤ さあ，最後に4コママンガにします。ノート1ページ分に大きく書きます。最初にコマ割りをして，何を書くかを決めます。その後，調べたことを書き入れていきます。自分のオリジナルのキャラクターを作ってもおもしろいです。

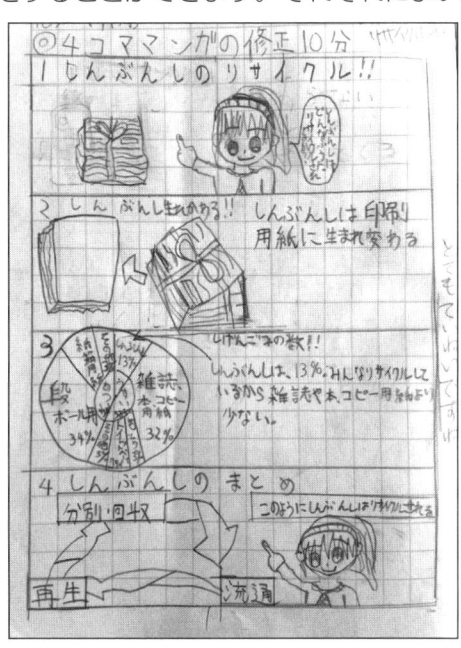

▼ここもポイント！
① 他の学習でも同様にVTRの活用は効果がある。ごみの場合は特に効果的である。
② できあがりを相互評価するために，よいところを付せんに書いて貼る，という活動を行うとよい。

第2章 学年・単元別 楽しく学ぶための仕掛け術　29

**3・4年** 地域における災害・事故

# 6 「学校が火事になったら」

## こうして仕掛ける！

　消防署の働きについて学習します。一番身近な「学校」が火事になったら，どうやって火を消すのか？ということをシミュレーションしながら，学校内の消防施設や消防署の働きについて学びます。具体的なものから一般的なものへと学習の対象を広げていくことで，子どもの意欲を持続させていきます。

### 仕掛けるための準備・ツール

○　校舎内の教室配置図
○　学校とその周辺が映っている航空写真（国土地理院やGoogle マップの地図）。掲示用と子ども用の両方を準備。
○　消防署に，学校が火事になった時にどこに消防車が停まるのか，どこの水を使うのか，について聞いておく。

## こうして授業展開！

①　まず，シミュレーションの場面設定をします。例えば『家庭科室から火が出ました。さて，どうしますか。』と発問します。「消します。」「逃げます。」『みんなは逃げますね。先生たちは火を消します。何を使いますか。』「消火器！」『そうですね。では，消火器はどこにありますか？』「ろうか。」「3回にもあった。」というやりとりを経てから，『では校舎内のどこに消火器があるのか調べてきましょう。』と投げかけます。教室の配置図を渡して，書き込むように指示します。
　調べてきたものを照らし合わせてみると，校舎内にまんべんなく消火器が置かれていることに気づきます。どこで，火事が起きてもいいように備

えているのがわかります。『この他に，消防設備はありますか？』と問えば，さらに校舎内を探索し，火災報知機や熱感知器，消火栓の存在に気づいていきます。そして，それの配置にも意味があることを知ります。

② シミュレーションの続きです。『消火器で火を消すことができませんでした。さて，どうしましょう？』「消防署に連絡します。」『何番ですか？』「119番です。」というやりとりのあと，『消防車が来ました。どこに車を停めるでしょう？』と発問します。

（国土地理院ホームページを元に作成）

火を消すにはある程度近くなければなりませんね。しかし，近すぎてもだめです。さらには，火を消すための水をどこから取るのか，という問題があります。消火栓はあるのか？学校の水道から取るのか？プールの水を使うのか？こうしたことも含めて航空写真を見て停まる場所を考えます。場合によっては校舎周辺を探索して考えます。個人やグループで考えて，全体で検討します。いろいろな意見が出ることが予想されますが，筋が通っている意見を残します。

③ ここまでやったところで，『確かめるためにはどうしたらいいですか？』と投げかけます。そうすれば「消防署の人に聞く。」という考えが出てくるでしょう。そこで，『では，消防署の人に聞いてみましょう。どうやって聞きますか？』「電話する。」「メールする。」「行ってみる。」というやりとりをして，調べる方法についても考えさせるようにします。

④ この後は，見学，または質問事項を送る，という形で知りたいことを調べるようにします。

**ここもポイント！**

① 最初に見学の日程を決めておいてから実施すると意欲が冷めない。
② 校内の防災について，教頭先生に聞いてこさせるのもおもしろい。

**3・4年** 地域における災害・事故

## 7 「消火栓はどこに作る？」

### こうして仕掛ける！

　地域の火災予防の一つとして，消火栓の設置が挙げられます。学区内のどこに消火栓があるかを調べ，増やすとしたらどこに増やすか？ということを考える提案型の学習で，地域の防災に関心をもたせます。

#### 仕掛けるための準備・ツール

○ 学区の地図（個人用と掲示用）
○ 学区内のどこに消防設備があるか事前に調べておく。消防署に聞いておくとよい。
○ 学区内の防火設備の写真

### こうして授業展開！

① まず，学区の地図を渡します。そして，『学区内にも消防設備があります。家に帰ってから自分の家の周りにどんなものがあるのか調べてみましょう。』と投げかけます。消火栓や防火水槽というものを知らない場合があるので，写真を見せておきます。

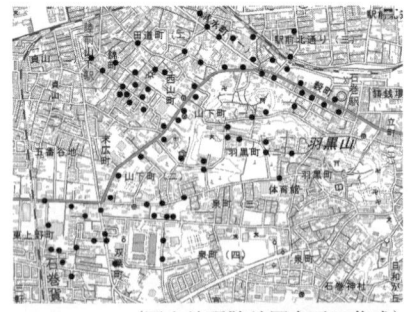
（国土地理院地図を元に作成）

② 調べてきたものを，掲示用の地図に書き入れていきます。書き入れていくと，消火栓や防火水槽も配置に意味があることに気づいていきます。子どもたちが見つけられなかったものについては，あらかじめ調べておい

たことを教師が教えます。
③　あちらこちらに防火設備があることを確認してから，『消火栓や防火水槽が足りないところはありませんか？一つ増やすとしたら，どこに増やしますか？』と発問します。

　「住宅が多いから，ここがいいよね。」「お店は火を使うことが多いから，こっちの方がいいと思うよ。」「ここは道路が狭いから，ここに作ってもだめでしょ。」などと，意見が出るでしょう。

　ここでのポイントは，
○　火事が多く起りそうなところに増やす。
○　多く起こりそうなのに，設置されていないところに作る。
○　道路の広さから，消防車が入っていけないところには作らない。
ということがあげられます。これらのポイントを踏まえた話し合いになるようにしていきます。

④　ここまで考えたところで，『みんなの考えは合っているでしょうか？どうやったらわかりますか？』と投げかけます。「消防署の人に聞けばいい。」という回答が出るでしょう。（自治体によっては役所が管轄になっている場合もある。）「自分たちはここに増やせばいいと思います。」と提案してみて，自分たちの考えが合っているかどうかを確かめます。

### ここもポイント！

①　見学をするのであれば，そのときに聞いてみるとよい。
②　見学をしないのであれば，手紙などで聞いてみる。
③　学区内の消防施設の探索については，保護者にも文書で安全確保の協力を依頼する。
④　学区内の探索が困難であれば，「校舎内の消火器を増やすとしたら」という設定で行うのもよい。

## 3・4年 地域の人々の昔の暮らし

## 8 「古いもの博物館・パンフレットを作ろう」

### こうして仕掛ける！

　昔の道具についての学習。やはり，ここは実物にこだわりたいです。保護者や地域の方々に声をかけて昔の道具を集め，展示して博物館風にします。そして，休み時間に他の学年の子に開放して，子どもたちは学芸員として説明をします。博物館を開くことで意欲も高まるうえに「説明する」必要性があることで，調べる意欲も高まります。

　実物が集まらなくても，パンフレットを作って他の学年に配布する，ということで子どもの意欲は高まります。

#### 仕掛けるための準備・ツール
- 昔のものを集める。保護者，地域の方々に協力してもらうとよい。
- 洗濯板など，物によってはネット通販でも購入できる。昔の道具を専門に扱っているお店もある。
- 各種サイトで昔の道具の写真は入手できる。

### こうして授業展開！

① まず，何か一つ昔の道具を見せます。そして，それはどのように使うものなのかを当てます。クイズ形式でやるとさらに盛り上がります。

　例えば，炭火を使うアイロンを見せて，「これはアイロンです。昔は電気がありませんから，代わりにあるものをこの中に入

（出典：金沢くらしの博物館）

れて使いました。さて、何を入れたでしょう。」と聞けば、子どもたちの興味を引いて盛り上がります。

昔の道具が集まらなかったら、ネット通販で洗濯板を購入しましょう。洗濯板は溝が湾曲しているところもポイントです。この溝があることで真ん中に水が流れていくようになっています。このことにも触れると、子どもたちの知的好奇心が刺激されるでしょう。

② 昔の道具を集めて、博物館を作ることを話します。準備することは次の通りです。
   ○ 昔の道具を集める。
   ○ どういう使い方をしたか調べる。
   ○ 道具の名前と使い方を示した表示を作る。
   ○ 空き教室にレイアウトする。
   ○ 入口に看板を作る。
   ○ チラシを作って宣伝する。

看板を作ったり、チラシを作ったりすることは商店街やスーパーマーケットの学習のことを想起させ、効果的にできるようにします。

③ 休み時間に博物館を開きます。子どもたちは交代で学芸員をやり、道具についての説明をします。

④ 昔の道具が集まらない場合は、同じ要領でパンフレット作りをします。写真はインターネットで収集します。

### ここもポイント！

① 道具を集める場合、文書で広く呼びかける。貴重なものが多いので保護者との連絡を密にして、扱い方なども聞いておく。
② 博物館を開くのは1週間程度がよい。
③ 空き教室がない場合、教室や廊下を使う。

## 3・4年 地域の人々の昔の暮らし

## 9 「ビフォー・アフター○○○」

### こうして仕掛ける！

　地域の偉人について学習する単元がありますね。苦労しながらも知恵を出して技を使って工夫しながら問題を解決し，地域を発展させていく偉人。ん？これって「ビフォー・アフター」に似ていないか？みなさんご存じの「匠」が家を劇的にリフォームするあの番組です。そこで，先人の偉業を人気ＴＶ番組のフォーマットにあてはめて学習します。これによって，意欲が増すだけでなく，調べる視点がはっきりします。

#### 仕掛けるための準備・ツール
○ できれば，番組のオープニングに似せたスライドショーを作る。（効果抜群！）
○ 番組のフォーマットに当てはめた項目のあるワークシート
○ 発表に必要なもの（画用紙など）

### こうして授業展開！

　私の勤務校のある石巻市では，頻繁に洪水を起こし人々を苦しめていた北上川を改修し，石巻を有数な港町にした「川村孫兵衛」について学ぶので，それを事例として取り上げます。
① まずは，テレビ番組のことから話します。『"ビフォー・アフター"って知ってる？』「知ってる，知ってる！」「家，直すやつ！！」「リフォームでしょ！」
　　知らない子に説明した後に，番組の冒頭と同様のつくりのスライドを例のBGMとともに流し，北上川が洪水を起こすたびに大きな被害があった

| 今からおよそ400年前… | (イラスト) | あの匠が |
| --- | --- | --- |
| 北上川を | ビフォーアフター | 今回の相談者／北上川を何とかしなくては／伊達政宗 |

こと，これを解決して米をたくさん取れるようにしたり，船が通れるようにしたりすることを仙台藩の殿様・伊達政宗が願っていたことを説明します。（タイトルバックが出たところで，ほぼ全員が爆笑。）

『そうです。今回の匠は，川村孫兵衛さんです。この勉強は，ビフォー・アフターの形で，まとめて発表してもらいますね。』

② 次に，調べるポイントを確認します。ここが重要なところです。番組のフォーマットに当てはめていくのです。

『この型でまとめるのに，何を調べたらいいかな？』

「ビフォーの状態です。」「その家の問題になるところです。」「そうそう，押入れの中に階段とか。」「あと，その後の様子です。リフォームしたあとの。」「もちろん，『匠の技』です。」

『あと，ないかな？』

「え〜…？」「人，です。人。」「あ，わかった。今回の相談者！」

これに，相談者の感想（今も残る，偉人に関するもの）を調べる視点として加え，

1 相談者（どこの人々の悩みなのか。）
2 ビフォーの状態（どんな問題点があるのか。）

第2章 学年・単元別 楽しく学ぶための仕掛け術 37

3 匠の技（どんなことをしたのか，どんな工夫をしたのか，どんな苦労があったのか。）
4 アフターの状態（その結果，地域がどのような変容を遂げたのか。）
5 相談者の感想（地域の人々が，その偉人をどのように思って，どのように称えているのか。）

と，いう形にはめ込みます。

③ そして，この視点に沿ったワークシートを用意します。子どもたちは，副読本やインターネットで調べてわかったことをこのワークシートに記述します。私がやった時には，調べることがわかりやすかったようで，ほとんどの子どもはこれにしたがって，的確にワークシートに書くことができました。

④ その後，グループごとに調べたことを発表する方法を考えます。実際の番組風，紙芝居，ペープサート，絵本などがありました。準備も相当おもしろいです。とあるグループは，ニュース形式。『誰が出てくるの？』「孫兵衛と（伊達）政宗」「工事を中継するの」「それでは現場の○○○さ〜ん！とか言って」

絵本のグループは，改修された北上川を見て，涙する政宗の姿が…。これも，リフォーム後の依頼人の感激する様子をなぞっています。

　もちろん，一番おもしろかったのは番組形式の発表です。「…なんということでしょう…。」とか「匠は，長方形の箱を掘り始めました。いったい何に使うのでしょう。」とか「これは，何に使うと思いますか？ゲストの○○○さん。」なんてフレーズがたくさん飛び出し，見ている子どもは大笑いでした。

⑤　最後に，匠のおかげで変わったことについてまとめます。相談者はどう思っているのか？ということを，現在も神社やお寺，お墓，銅像など，偉人を称える建築物や記念碑が残っていることから考えさせます。ここで，地域の人々も感謝していることを感じ取らせます。

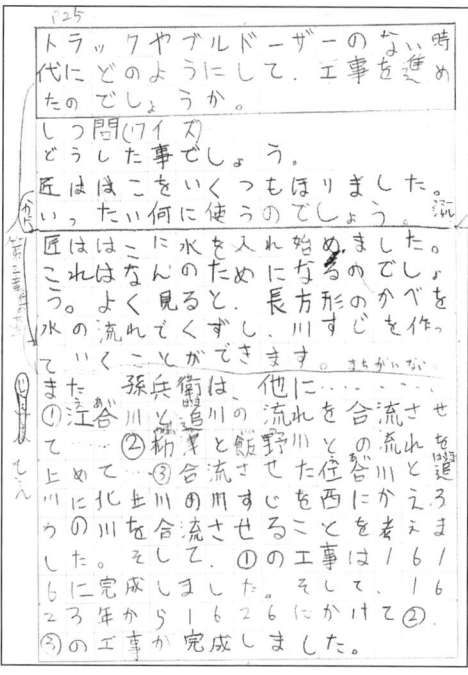

### ここもポイント！

① 発表の時も BGM を使うと，とても盛り上がる。
② 匠のプロフィールやエピソードも織り交ぜるとなおよい。

3・4年　47都道府県の名称・位置

# 10 「都道府県チャレンジ」

## こうして仕掛ける！

　4年生では，県の学習をするときに日本全国の47都道府県について学ぶことになっています。でも，短い期間でやっても到底覚えきれるものではありません。そこで，授業の最初に5分間だけ短いアクティビティを行います。これは1年間を通して行います。都道府県チャレンジはスモールステップで覚えられることが仕掛けのポイントです。

仕掛けるための準備・ツール
○　都道府県を地方ごとに区切った白地図

## こうして授業展開！

　都道府県を地方ごとに区切った白地図を貼り付け，都道府県名を書き込める欄を作ったワークシートを準備します。東北，関東，中部，近畿，中国，四国，九州の7地方分作ります。（北海道は一つしかないので行いません。）

　進め方は次の通りです。

① 地方をどれか選んで，空欄に都道府県名を書き入れる。（自分の住んでいる地方からチャレンジするとよいです。例えば，私の場合は東北地方です。前日に，東北地方の都道府県名と位置を覚えてくるように子ど

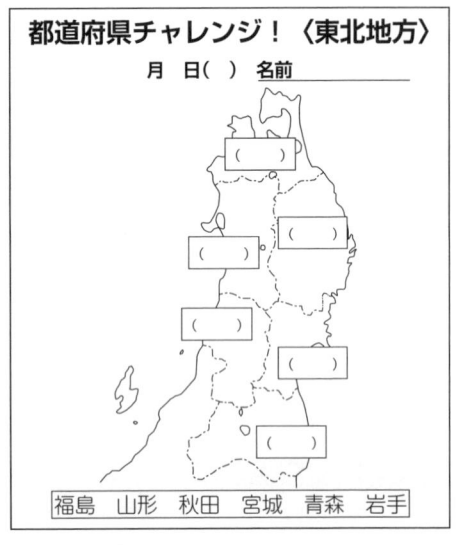

もたちに話します。）
② 書き終えたら，先生に採点してもらう。
③ 5分間過ぎて終わらなかったら，そこで先生に提出して採点してもらう。
④ 一つの地方を合格したら，別の地方にチャレンジする。どの地方からやってもよい。
⑤ 1回にできるのは1地方のみ。
⑥ 合格できなかったら，次回チャレンジする。
⑦ 5分間を，都道府県を覚える時間にしてもよい。
⑧ 7地方全て合格したら，日本全国にチャレンジする。

全国が終わったら，県庁所在地名，主な山脈・河川・平野を覚えることにチャレンジさせてもよいです。また，5，6年生だったら，世界の国々チャレンジにシフトしていくのもよいでしょう。

### ここもポイント！

① ワークシートの中に都道府県名を載せておく。（漢字がわからないために書けない，ということをなくすため。）
② 強化月間を設けて，社会の時間以外にも朝の時間や休み時間などにチャレンジすることを奨励する。
③ 全国制覇した子は，ワークシートといっしょに記念写真を撮ってあげると喜ぶ。

3・4年　47都道府県の名称・位置

# 11 「都道府県カルタ」

## こうして仕掛ける！

　都道府県チャレンジと同様に，授業の最初に5分間だけ行います。これも1年間を通して行います。都道府県カルタは，楽しみながら覚えられることが仕掛けのポイントです。

仕掛けるための準備・ツール
○　都道府県カルタ（県名とイラストが描いてあるもの）

## こうして授業展開！

① グループにワンセットずつ渡す。
② 読み札を読む代わりに，都道府県の名産やおもな産業，観光地などの特色をヒントとして3つ程度出す。
③ 子どもたちは手を頭の上に置きヒントを待つ。体を前のめりにしてはいけない。
④ ヒントを聞いてわかった時点で札をとる。
⑤ お手付きは1回休み。

　次のような感じで導入します。
　『これから都道府県カルタをします！』
　「なんですか，それ？」
　『カルタでは読み札を読みますが，このゲームではその代わりに，都道府県の名産やおもな産業，観光地をヒントとして3つぐらい出します。どこの都道府県かわかったら札をとります。例えば，笹かま，七夕，楽天イーグル

スと言えば，みんなが住んでいる宮城県ですね。ヒントを3つ言う前にわかったらとっても構いません。』

『手は頭の上に置きます。体を前のめりにして机の上に覆いかぶさってはいけません。お手付きは1回休みです。』

ゲームを開始します。

『では始めます。』

『東北地方，りんご，ねぶた！』

「あれ〜なんだっけ〜？」

みんな一斉にざわざわと探し始めます。

「はいっ！」「あ〜とられた〜」

とった時の声と机をたたく音とで教室中が大騒ぎになり盛り上がりました。

『答えは？』

「（一斉に）青森県！」

『次いきま〜す。』…

こんな感じで進めていきます。カルタという遊びの要素に子どもたちは熱中します。あまりのうるささにヒントが聞こえなくなるほどです。その時は，静かになるまで少し待ちます。わかりにくいヒントから言ってわかりやすいヒントは3つ目にしたり，少し間を置いてじらすようにヒントを言ったりするとよけいに空気が張り詰め，取った時の高揚感も大きくなります。

終了の時間になると，「ええ〜，もう終わりなの。」「今日は，4枚とった！」という声が聞かれるほど人気のゲームです。

### ここもポイント！

カルタは作ってもよいが，市販のものがたくさんあるので，その中から選んで購入すると手軽に使える。

### 3・4年 県内の主な都市

## 12 「〇〇〇滞在記」

### こうして仕掛ける！

　県内の特色のある市町村に,「行ったつもりになって」滞在日記を書きます。いわゆるバーチャル体験日記ですね。ただ,調べてまとめるよりも物語のようになるので,子どもたちは喜んで取り組みます。

#### 仕掛けるための準備・ツール
○　特になし

### こうして授業展開！

　県の特色のある地域の学習です。私の住んでいる地域・宮城県の場合を事例として取り上げます。みなさんは,それぞれ自分の住んでいる地域で取り上げられている市町村をイメージして読んでください。
① まず,副読本で取り上げられている,海の気仙沼,観光地の松島,山地の鳴子,硯(すずり)の雄勝(おがつ)について概略を学びます。ここは,一斉指導が中心です。
② この中から一つ選び,調べます。調べ方は副読本,インターネット,メールなどです。
③ 調べたことを「〇〇〇滞在記」としてまとめます。ただし,次のことを必ず入れるようにさせます。
　　○　交通機関で行くところから書く。例えば,「仙石線(電車)で西に30分走り,松島駅に着いた。」という風に。車の場合も同様。
　　○　その地域の有名な観光地を回る。「気仙沼の有名な折石(おれいし)を見に行った。ここはリアス式海岸の一番南になっているそうだ。」とか。
　　○　その地域の代表的な産業を体験する。よく教科書に「〇〇〇さんの

話」と登場する人に弟子入りする，という設定にするとおもしろい。「鳴子ではこけしをつくっている○○さんに弟子入りすることにした。作り方は…」という感じで。

○ お土産を買う。「雄勝では硯の材料になっている石を使っていろいろなお土産品を作っている。何を買うか悩んだが，お店でペーパーウェイトを買った。」という風に。

○ クイズを一つ出す。「ここで問題。松島はめずらしい島がたくさんあるが，次の中で本当にあるのはどの島？①鶴島，②亀島，③猫島」とか。

④ これを日記のように書いていきます。絵日記にしたり，イラストを入れることを条件にしたりすると，写真資料や絵図をていねいに見るようになります。

⑤ 書く量は実態に合わせて決めていってかまいません。私の場合は，B5版の画用紙1枚に一項目ずつ（移動，観光地，産業，お土産，クイズの5枚）書くようにさせました。そうすると，区切りがわかりやすいです。

### ここもポイント！

ちなみにこれもTV番組「世界ウルルン滞在記」のフォーマットがベースになっています。現在は放送していないので，こうした形にしました。

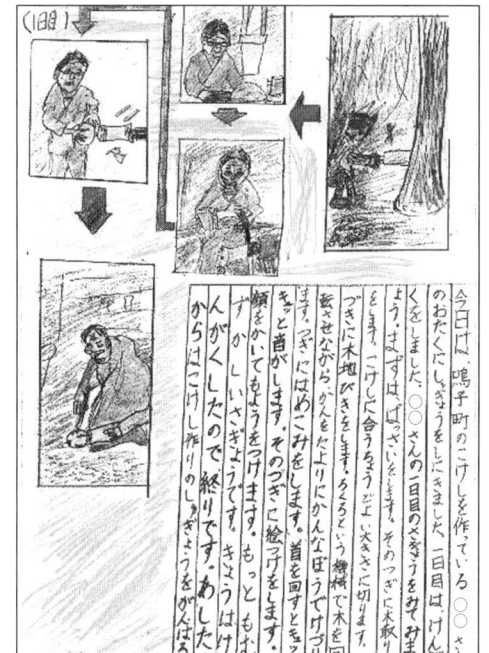

3・4年 県全体の産業

## 13 「究極の○○県弁当を作ろう！」

### こうして仕掛ける！

　県内の産業について学んだあとのまとめで行います。自分たちの県の有名なものを使って弁当を作る，という設定です。県内の産業について学び直すことができますし，名産を知ることもできます。また，「弁当作り」という点が子どもの興味をそそります。（この実践は，現・宮城県利府第二小学校校長の武山達弥先生の実践をもとにしています。）

#### 仕掛けるための準備・ツール
○　特になし

### こうして授業展開！

①　まず，県内の産業について学びます。宮城県の場合，農業や漁業がメインになります。ここは，一斉指導が中心です。

②　最後のまとめとして，県の有名な産物を使って弁当作りをすることを話します。

　『宮城県の有名なものを使って"究極の宮城県弁当"を作ります。とは言っても，実際に作るのではなく，絵に描きます。』
　『宮城県の有名なものと言えばどんなものがありますか？』
　「仙台の牛タン！」
　「女川のギンザケが日本一です。」
　「気仙沼のふかひれも日本一です。」
　「石巻の笹かまぼこも。」
　「宮城の米，ひとめぼれが有名です。」

『そういうものを使って、お弁当を作ります。例えば、女川のギンザケの塩焼き、というようにしていきます。宮城の有名なものを集めて、これ以上はない"究極"のお弁当を作ってください。』

③　名産などについてもう一度調べてみるように話します。観光協会のサイトなどを見るとよくわかります。

④　調べたことをもとに絵に描いていきます。途中、いろいろなアイディアが生まれてきて、「弁当箱の形は何でもいいですか？」「箸もつけていいですか？」という質問が出てきたりします。これもOKにすると、宮城県の形をした弁当箱や、小さいこけしがついた箸を作ったりします。子どもの想像力がどんどん発揮されていくのです。

⑤　最後に、できあがったものにお互いにコメントを付せんに書き、貼っていきます。

### ここもポイント！

基本的に個人で作業するが、実態によってはグループでやってもいい。そうすることで、「どれを入れるべきか？」という討論が起こる可能性も高くなる。それが社会的思考力を成長させる機会にもなる。

第2章　学年・単元別 楽しく学ぶための仕掛け術　47

## 5年生の社会科授業を教える際のポイント
# 「ICTの活用と学習問題の工夫を」

### ●●● 見学に行けないならなんとかしよう！ ●●●

　3年生では市，4年生では県，そして5年生では全国のことについて学習します。この，全国のこと，っていうところがネックです。それはなぜか？簡単に言うと見学が難しくなるからです。たまたま，全国でも有数の産業がすぐ近くで行われていれば話は別ですが，そんなことはそうそうないです。現に，私の勤務地の石巻市にはそんなところはありません。かろうじて，県内には，自動車の組み立て工場の「セントラル自動車」（現・トヨタ自動車東日本）が大衡村にありますが，見学は抽選で決まるし，バス代も馬鹿になりません。

　じゃあ，どうすればいいか？それは，見学と同じぐらい効果のあるものを見つければいいのです。と，簡単に言ってしまいましたが，そうそう見つかるものではありません。ともすると平板になりがちな産業学習や，地理の学習です。4年生までは見学をして興味関心をもったり，深く理解できていたりしましたが，それが期待できない以上，5年生からはさらに工夫することが求められます。

### ●●● ICTは必須アイテム ●●●

　見学のよさは，目で見て，話を聞いて，さわったりもできることです。これに代わるものといえば，動画や写真です。これを使えば，範囲は限定されますが，見たり，聞いたりすることができます。ですから，写真や動画，その他の資料を多く活用するようにすれば，見学の効果に近づいてきます。そのために必要なのが，ICT機器です。実物投影機やPCの映像を電子黒板やプロジェクターで映せば手軽に活用できるのです。

　また，5年生となると，資料も難しくなってきます。特にグラフが多くな

ります。折れ線グラフ，帯グラフが増えてきます。これの見方をきちんと教えておかないと，わかるものもわからなくなります。これを指導するために便利なのが，やはり実物投影機やプロジェクター，電子黒板なのです。教科書や資料集にあるグラフを拡大して映し，それを指しながら指導する，という方法が効果的です。というのも，子どもの手元にあるグラフと同じものを映すので，より理解しやすくなるのです。言葉だけの説明よりも効果はてきめんです。

## ●●● 学習問題を工夫すること ●●●

　5年生は少しずつ論理的な思考ができるようになってきます。ですから，発問も「なぜ〜でしょう。」「〜なのはどうしてでしょう。」「〜するにはどうすればいいでしょう。」といった，論理思考型の学習問題を徐々に増やしていきましょう。論理思考型の学習問題は子どもの社会的な思考力を伸ばしていきます。また，社会的な見方を育てます。なぜ？どうして？というのは社会科で一番おもしろいところです。「日本の自動車が世界で売れているのはなぜでしょう？」と問えば，子どもたちなりに自分の生活経験や調べたことをもとに考えていきます。日本の自動車が売れる理由は単純なものではないですが，それを簡単でシンプルな授業構造にすることで興味をもち続けることができます。

　日本の産業の学習では，問題点やこれからの方策について考える学習が盛り込まれています。こうしたものを考えることも，子どもの社会的な思考力を伸ばしていきます。未来志向のことは興味をもちやすいので大いに取り入れたいところです。

　また，シミュレーションも有効な学習問題です。「もし，沖縄に引っ越したら」「工場を建てるとしたら，どこに建てるか」といった学習は思考力も伸ばすし，子どもも興味をもちます。

　このように，5年生はICTの活用と学習問題の工夫で楽しく学べます。

## 5年 主な国の名称と位置

### 1 「日本はどこにありますか？」

#### こうして仕掛ける！

　日本の位置を表すためには，他の国や海洋，大陸の位置や名前を使う必然性が生まれることを通じて，日本とその周りに何があるのかを知ることができます。また，緯度や経度についてもその必要性がわかります。

仕掛けるための準備・ツール
○　地球儀

#### こうして授業展開！

① 最初に，発問。『例えば，みんなが外国に行ったとします。その国の人に"日本はどこにありますか？"と聞かれたらなんて答えますか？』
　　すると，子どもはいろいろな答え方をします。

　「中国や韓国のとなり。」「オーストラリアの上。」「アジアにあります。」という感じですね。子どもたちは，日本の位置を言い表すために，いやおうなしに隣国や周辺地域のことに目を向けるようになります。そして，その位

50

置関係についてもよく見るようになります。

　ここで、『となりって言ったけど、どっち側ですか？』と問い返し、「東側です。」と、地図では方角で示すことを改めて確認します。『じゃあ、オーストラリアの上っていうのは…。』「北側です。」と言い直しをします。他にもここで出てきた「アジア」に着目。『"アジア"って言ってたけど、アジアって何のこと？』と、とぼけて見せます。すると、だいたい気の利く子どもが、教科書や資料集から見つけます。（辞書を使うことを奨励しておくと、辞書で調べます。）

② 『みんないろいろな言い方をしていましたね。これでもいいんだけど、もっと正確な言い方はないかな？』と、問います。ここで、子どもは悩みます。わかる子がいればいいですが、わからない場合は深追いせずに、すぐに緯度や経度について地球儀を使いながら教えます。東経や西経、北緯、南緯、赤道についてもここで教えます。板書もして、ノートにも書かせます。書くことによって、より理解できるからです。

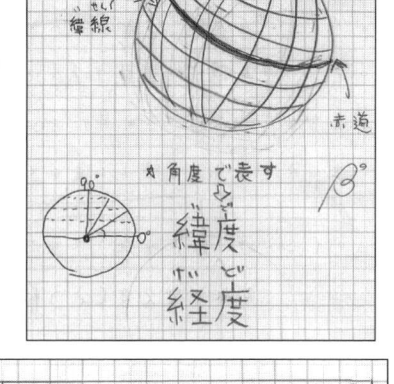

③ 最後に、日本はだいたいどの線の辺りなのかを確認します。

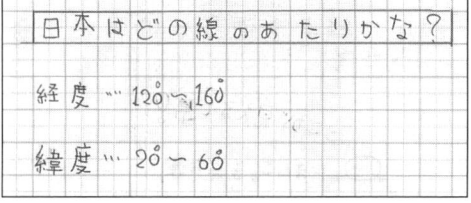

### ここもポイント！

① 誰の言い方が一番わかりやすいかを話し合わせてもおもしろい。
② 緯線や経線を確認するときに、どこまでが日本なのか？につなげていくようにする。

## 5年 世界の主な大陸と海洋

## 2 「フラッシュでおぼえよう！」

### こうして仕掛ける！

　学習する範囲がだんだん広がってくる5年生。世界の大陸と海洋の名前を覚える学習があります。このような単純に覚える学習に効果があるのがフラッシュカードです。普通は紙のカードを使いますが，地図の上にあるものですから小さすぎてそんなことはできません。そこで，パソコンのプレゼンソフトでスライドショーを作り，フラッシュカードの代わりにします。全員で答えるもよし，早押しで答えるもよし。これを授業の最初にウォーミングアップ代わりに何度も繰り返して覚えるようにします。

#### 仕掛けるための準備・ツール
○　大陸と海洋の名前を書いたスライド（まず地図に矢印が出て，次にその答えが表示されるようにする。プレゼンソフトで作り，プロジェクターで映すとよい。）
○　大陸と海洋の名前の一覧表（プリントにして配付）

### こうして授業展開！

①　スライドを作ります。世界地図の上にテキストボックスを貼り付け，矢印をつけます。
②　1枚目のテキストボックスの中は，例えば「大陸」だけにして，2枚目は「ユーラシア大陸」と答えが出るようにしておきます。
③　これを何枚も作っていきます。6大陸と3海洋の分をまず作ります。必要に応じて，他に覚えさせたいことを付け加えていきます。私は，この他に，「緯線」「経線」「赤道」「北緯」「南緯」「東経」「西経」も追加しまし

た。
④　これを，プロジェクターなどで映し，子どもに答えさせていきます。

　　　１枚目　　　　　　　２枚目

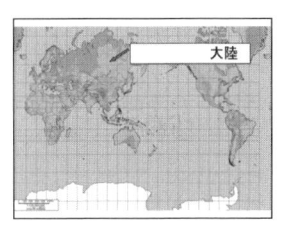

という感じです。１枚目を映したらすぐに「ユーラシア大陸！」と答えるように言っておきます。２枚目を出して答えを確認するという手順です。
　この要領で，他のスライドも映します。
下のような感じですね。「北緯」「南緯」「東経」「西経」には色をつけます。

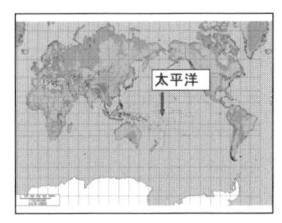

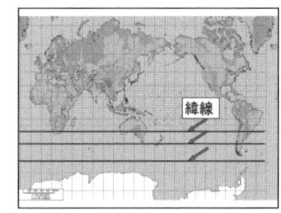

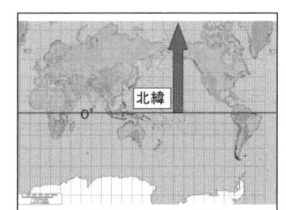

　当然，すぐに答えられない子どももいますから，大陸名，海洋名などを書いたプリントを配付しておいて，それを見て答えてもいいことにしておきます。

**ここもポイント！**
①　一斉に答えるだけでなく，早押しにするのもおもしろい。全員でやるとわかりにくいので，グループの代表１名ずつで行うとよい。
②　地球儀を使って，指したところを答える，ということも時々織り交ぜると，地図との関係がわかってよい。

第２章　学年・単元別　楽しく学ぶための仕掛け術　53

5年 我が国の位置と領土

## 3 「日本の一番南の都道府県は？」

### こうして仕掛ける！

日本の最南端は沖ノ鳥島です。実は，東京都に属しています。そして，そこはコンクリートで囲まれ守られているのですが，それはなぜか？その理由を考えることで，領海や排他的経済水域などについて知ることができます。

**仕掛けるための準備・ツール**
○ 沖ノ鳥島の写真（外観，中の島）

### こうして授業展開！

① 前の時間に，日本の位置について学んでいます。東経で何度？北緯何度？というところまでです。本時はその境目をはっきりさせます。『日本の端っこは何県でしょう？』という発問をします。これについて，考えをノートに予想を書かせます。まずは，北から。これは簡単です。北海道です。（最北端の場所は，北方領土である択捉島ですが，ここでは日本が返還を迫っていること，北方領土を含まない場合の北端は宗谷岬であることについて簡単に説明します。）次は西。これも簡単。沖縄です。

さてここからが問題です。一番南はどこでしょう。子どもの多くは沖縄と答えます。でも違います。これは地図帳で確認させます。すると，子どもは「沖ノ鳥島」を見つけます。『ここは何県？』「静岡？」「え？東京？」

「ほんとだ！東京だ！」

② ここから，沖ノ鳥島について学習します。『沖ノ鳥島はこのようになっています。』と，写真を見せます。外観を見ると，おおよそ島には見えません。『本当の島はこれです。』と，島自体の写真を見せると，子どもたちは驚きます。「これが島？ただの岩でしょ？」『これは頂上部分です。自然にできたもので満潮の時に海の下に隠れなければ，島として認められます。』と説明します。『周囲をコンクリートで囲んで，波に削られてなくなってしまわないようにしているのです。』と，先ほど見せた外観は島を守っているコンクリートの壁であることを付け加えます。

（注：実際は上記のような外観の写真と島自体の写真を使って授業を行います）

③ すると，ここで疑問が生じます。『なぜ，ここまでしてこの島を守っているのでしょうか？』自分の考えを書かせます。すると地図にある「排他的経済水域」の線に着目する子どもがいたりします。いなければ，こちらから指摘し，説明します。『この島がなくなると，日本が自由に魚を獲っていい場所が減ってしまうので，この島を守っているのです。』

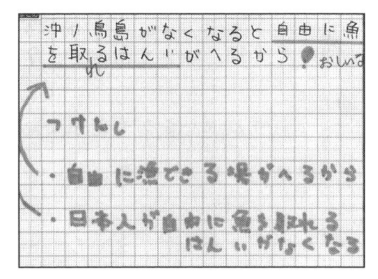

また，最東端の南鳥島についても同様に，排他的経済水域を確保する意味で重要であることを教えます。

▶ここもポイント！

① 沖ノ鳥島について紹介している動画もあるのでそれを見せてもよい。
② 「領土」「領海」などの基本的な用語もここで教えるとよい。

第2章　学年・単元別 楽しく学ぶための仕掛け術　55

**5年** 特色のある自然のもとでの人々の生活

# ④ 「この家は沖縄？雪国？」

## こうして仕掛ける！

　暖かいところや寒いところでの生活について学ぶ単元です。気候によって家の作りが違うことを，写真を使って比べます。昔の家は特徴がはっきりしていましたが，現代の家は区別がつきにくいです。どちらが沖縄・雪国の家なのか比べることで，資料をよく見るようになります。

### 仕掛けるための準備・ツール
○　沖縄と雪国の家の写真（それぞれ，「昔」「30年ぐらい前」「現代」の3種類）
　（※本文中はイラストですが，実際は写真を使って授業を行います。）

## こうして授業展開！

　実際の授業ではどのように進んだのかを紹介します。

①　まずは，沖縄と雪国の昔の家を映して，どちらが沖縄の家なのかを問います。台風に備えて屋根が平らになっていることや，暴風のための塀があることなどから，沖縄の家だと判断できるようです。雪国の家は，雪が落ちやすいように屋根の傾斜が急になっているところから判断できます。

②　次に，30年ぐらい前の家の写真を見

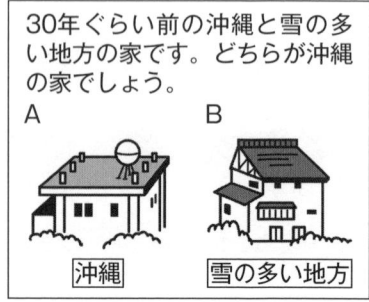

沖縄と雪の多い地方の昔の家です。どちらが沖縄の家でしょう。
A　　　　　B
沖縄　　　雪の多い地方

30年ぐらい前の沖縄と雪の多い地方の家です。どちらが沖縄の家でしょう。
A　　　　　B
沖縄　　　雪の多い地方

せます。これも，平らな屋根と急な傾斜の屋根から，沖縄と雪国がどちらかということはすぐにわかります。

③　ここで，沖縄の家の屋根にある丸いタンクに注目する子どもが出てきます。（出てこない場合は，教師が指摘しましょう。）どの家の屋根にも丸いタンクがあるのです。これはめずらしい光景です。

どうして，どこの家にも水のタンクがあるの？

沖縄の家

『さて，このタンクは何のためについているのでしょう？』

「石油？」「水？」「あんなに台風が来るのに水がいるの？」「だって，ほかにある？」「やっぱり石油だね。」

これについては資料集などに載っている場合もあります。なければインターネットで，それができなければ先生が教えましょう。これは，貯水タンクです。沖縄では水不足になることがあるのです。それはなぜか？ここで右のような三択で問題を出します。答えはCです。（答えの解説のときに地図帳を見させます。）今でこそ，水不足になることはなくなりましたが，沖縄では河川が短いのでダムの設置が難しく，飲料水の確保に苦労していました。給水制限になることも時々あったそうです。それに備えて各家では貯水タンクを設置しているのです。

A　暑いので，水をたくさん飲むから

B　雨が少ないから

C　川が短いので，すぐに流れていってしまうから

④　さあ，いよいよ難問です。現在の家の写真を映します。子どもたちにも写真を配り，ノートに貼らせます。どちらが沖縄の家でしょう？両方とも平屋根です。一見すると区別が

（出典：国土地理院）

第2章　学年・単元別 楽しく学ぶための仕掛け術　57

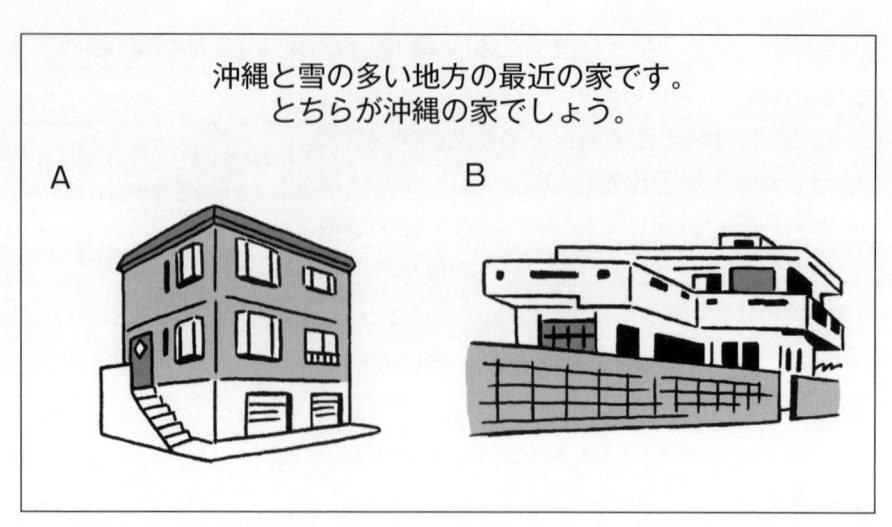

沖縄と雪の多い地方の最近の家です。
どちらが沖縄の家でしょう。

A　　　　　　　B

つきません。混乱する子どもたち。「え〜どっちかなあ？」「今までと違うなあ。」

　でもよ〜く見ると…。「Bには塀がある！これは風から守るため。」「Aは玄関が高いところにあるよ。これ，雪が積もったときのためにこうしているんじゃないかな。」「Bの家が雪国だったら，ベランダに雪が積もっちゃうよね。」「あ！よく見るとBの家の屋根にタンクがある！」というように，子どもたちは写真をよく見て考えようとします。

　『本当にそう？両方とも屋根は平らだよ。どっちも窓はたくさんあるし…。』と揺さぶります。

　すると「Bはベランダが大きいから，日差しが入ってこないようになっています。」「Bは家の後ろに木がたくさん植えてあります。これは風を防ぐためのものです。」という意見が出てきて，まだ懐疑的な子もいますが，どうやら沖縄の家はBだと落ち着きそうな雰囲気になりました。

　ここまでの話し合いを踏まえて自分の考えをノートに書きます。ファイナルアンサーはBの家は沖縄だという意見が多いです。

　いよいよ答えの発表です。みんなスライドに注目します。「答えは…こうです！」とBが沖縄の家だということを画面に映します。特徴は，ほと

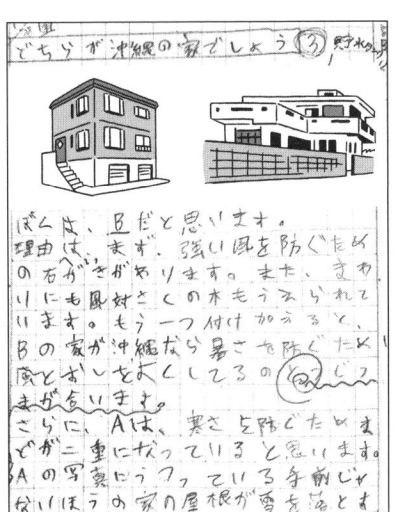

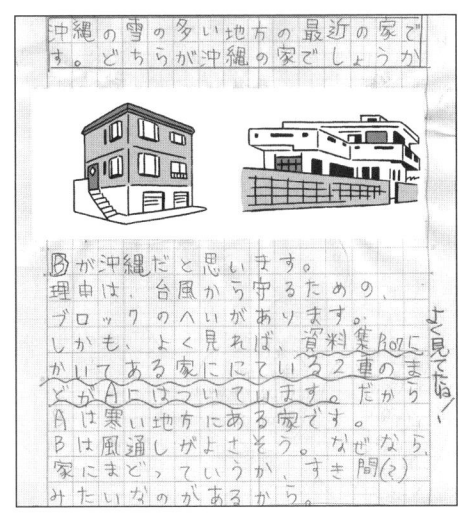

んどの子どもが指摘した通りです。

　ちなみにAの家は雪国ですが平屋根ですね。これで，雪が降ったらすごく積もって家がつぶれるんじゃないでしょうか？いいえ，大丈夫です。実は，屋根の上にヒーターがついていて，雪は積もらずに溶けるのです。しかも，真ん中から，流す仕組みになっています。この方が，雪が周りに滑り落ちることもなく，危険が少ないということです。雪国ではこのような屋根にしている家も増えてきています。という話も付け加えます。最後に，住んでいる人々は気候に合わせて家の作りを工夫していることをまとめます。

▼ここもポイント！

家の作り以外の気候に合わせた工夫を見つける学習へと発展できる。

**5年** 特色のある自然のもとでの人々の生活

# 5 「引っ越し物語」

## こうして仕掛ける！

暖かいところや寒いところでの生活について学ぶ単元です。ここでは，「引っ越しをしてそこに住む」という設定でバーチャル日記を書きます。引っ越すという設定によって，気候や産業なども含めたそこでの生活について詳しく調べるようになります。

### 仕掛けるための準備・ツール
○ 特になし

## こうして授業展開！

① まずは，暖かい地方の例として沖縄を，寒い地方の例として北海道を取り上げます。気候の違いなどについて概略を学習します。
② 次に，二つのうちのどちらかを選んで，バーチャル引っ越しをしてもらうことを話します。

　引っ越しをするとなると，気候に合わせた荷物が必要です。家も気候に合わせたものにする必要があります。向こうで仕事も探さなければなりません。といった設定を5日間の日記として書くことを説明します。

　1日目：荷物を持って移動する。

2日目：家に入る。ご近所の人に
　　　　あいさつ。
　3日目：仕事をする。
　4日目：歴史を勉強する。
　5日目：故郷の友達におみやげを
　　　　送る。

　近所の人にあいさつをするのは，その土地の方言などにも触れさせるためです。仕事はその土地の代表的な産業を選ばせます。歴史について入れたのは，沖縄では戦争や米軍基地のこと，北海道ではアイヌ民族のことや北方領土のことについて学ばせるためです。おみやげ選びはたとえバーチャルであったとしても楽しいものです。実際の授業では，観光協会のHPを見てうれしそうに調べる子どもの姿がありました。

③　日記を書くのに必要なことを子どもたちは調べていきます。そして，調べたことをもとにノートに下書きをして，紙芝居や絵本に仕上げます。
④　できあがったものは教室内に展示して，自由に見合うようにさせます。

 ここもポイント！ 
　相互に付せんにコメントを書いて作品に貼る活動をすると，他の子の見方がわかってよい。

5年　我が国の農業

# 6 「コメができるまですごろく」

## こうして仕掛ける！

　日本の農業についての学習。素材としては米作りを取り上げることが多いです。○○○作りのように順序性があるものは，すごろくにするとよいです。順番に気を付けるし，「一回休み」などに苦労を，「何マス進む」というところに工夫を反映できます。そして何よりもできあがったもので遊べます。このように，楽しみながら米作りについて学べます。

**仕掛けるための準備・ツール**
○　特になし

## こうして授業展開！

① まずは，米をどうやって作っているのかについて学習します。
② 一通り学んでから，米作りについてのまとめとして，すごろく作りをすることを話します。
　　○　ふりだしは，もみを用意するところから。あがりは，コメを精米するところまで。
　　○　米作りの手順を教科書や資料集で確認しながら，確実に書き込む。
　　○　ノートの見開き2ページにまとめる。
　　○　途中で，一回休みや何マス

もどる，何マス進むといったものを入れる。そこには，米作りの苦労や工夫を盛り込む。
- ○ 色鉛筆で色を塗って見やすくする。
- ○ できあがったら，できあがった人同士で遊んでみる。
③ すごろく作りは子どもたちにとって，とても魅力的なようです。ほとんどの子どもが集中して取り組みます。作業途中でお互いのすごろくを見合う時間を設定すると，工夫しているところを共有することができます。
④ できあがったものを遊ぶ時には，言われなくても鉛筆の面を使ってサイコロの代わりにしたり，鉛筆のキャップをコマ代わりにしたりして遊びます。

### ここもポイント！

① 「ニュース番組ができるまで」「自動車ができるまで」など，順序性があるものはすごろくにするのが効果的。
② 米作り農家の話を盛り込むと，より学習が深まる。

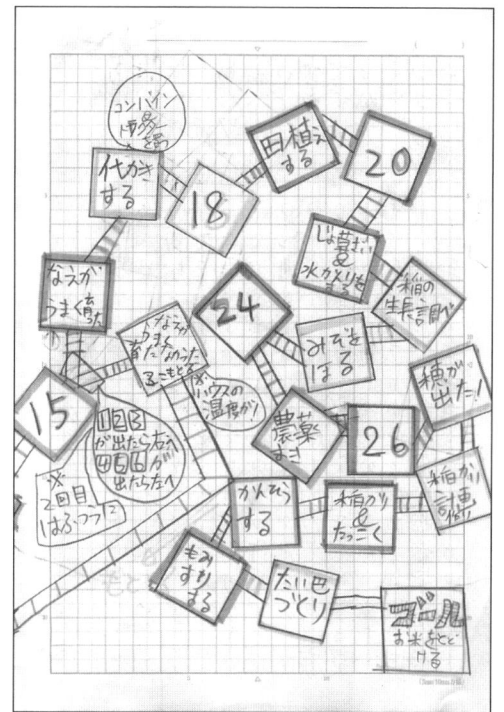

第2章　学年・単元別 楽しく学ぶための仕掛け術　63

5年 我が国の農業

# 7 「広島でりんごを作っている？」

## 🗂 こうして仕掛ける！

　りんごといえば，青森，長野ですね。どちらかというと寒いところで作っているというイメージがあります。でも，西日本の広島でもりんごの生産量が意外に多いのです。この意外性から，気候や地形を生かして生産の工夫をしていることに気づかせていきます。

> **仕掛けるための準備・ツール**
> ○ 米，みかん，りんごの都道府県別生産量の統計資料（農林水産省や教科書会社のHPより入手できる。）
> ○ 広島の地形図，気候図（夏・冬の気温が表されているもの）

## 🗂 こうして授業展開！

① まずは，米，みかん，りんごの都道府県別生産量の統計資料を提示します。どこの県，どの地方で生産量が多いかを読み取ります。

② 米は全国で作っており，東北地方や新潟，北海道での生産量が多いことを確認します。みかんは南の方で多く作っていること，りんごは北の方と長野で多く作っていることがわかります。このように，作物には北限や南限があることを教えます。

りんごの生産（平成26年産）

| | 県名 | (t) | | 県名 | (t) |
|---|---|---|---|---|---|
| 1 | 北海道 | 8,450 | 25 | 滋賀 | ＊ |
| 2 | 青森 | 468,000 | 26 | 京都 | ＊ |
| 3 | 岩手 | 46,500 | 27 | 大阪 | ＊ |
| 4 | 宮城 | 3,840 | 28 | 兵庫 | ＊ |
| 5 | 秋田 | 22,100 | 29 | 奈良 | ＊ |
| 6 | 山形 | 52,400 | 30 | 和歌山 | ＊ |
| 7 | 福島 | 27,600 | 31 | 鳥取 | ＊ |
| 8 | 茨城 | ＊ | 32 | 島根 | ＊ |
| 9 | 栃木 | ＊ | 33 | 岡山 | ＊ |
| 10 | 群馬 | 9,050 | 34 | 広島 | 1,370 |
| 11 | 埼玉 | ＊ | 35 | 山口 | ＊ |
| 12 | 千葉 | ＊ | 36 | 徳島 | ＊ |
| 13 | 東京 | ＊ | 37 | 香川 | ＊ |
| 14 | 神奈川 | ＊ | 38 | 愛媛 | ＊ |
| 15 | 新潟 | ＊ | 39 | 高知 | ＊ |
| 16 | 富山 | 1,740 | 40 | 福岡 | ＊ |
| 17 | 石川 | 744 | 41 | 佐賀 | ＊ |
| 18 | 福井 | ＊ | 42 | 長崎 | ＊ |
| 19 | 山梨 | 876 | 43 | 熊本 | ＊ |
| 20 | 長野 | 162,900 | 44 | 大分 | ＊ |
| 21 | 岐阜 | 2,070 | 45 | 宮崎 | ＊ |
| 22 | 静岡 | ＊ | 46 | 鹿児島 | ＊ |
| 23 | 愛知 | ＊ | 47 | 沖縄 | ＊ |
| 24 | 三重 | ＊ | | 全国計 | 816,300 |

（農林水産省ホームページを元に作成）

③　しかし，りんごの生産量を見ると，「あれ？」と思うことがあります。それは，広島でけっこうな量を作っていることです。南の方にある広島でりんご？なぜ，広島でもりんごが生産できるのでしょう？

④　これを調べるにはどうすればいいでしょう？こんなときはインターネット。「広島」「りんご」で検索すると，いくつものりんご園がヒットします。ここにメールして聞いてみればいいのです。さっそく，メールの文面を書きます。（ここで，質問の手紙の書き方を教えます。）子どもには，『相手は仕事をしていて忙しいのだから，返信がなくてもがっかりしないように。』と話しておくことも忘れずに。何か所か送っておくと，一つぐらいは返信があります。実際，3か所に送って，一つのりんご農園から返信をいただきました。以下，文面です。

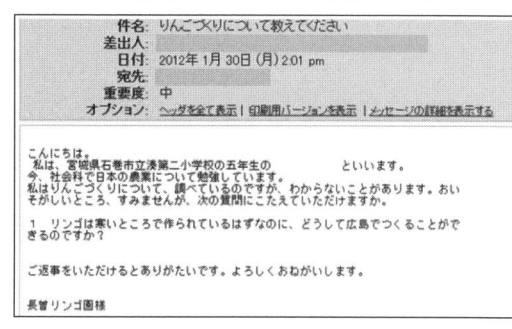

◇◇◇◇◇◇◇◇◇◇◇◇◇◇◇◇◇◇◇◇◇◇◇◇◇◇◇◇◇◇◇◇◇◇

はじめまして。長曽りんご園です。

80年以上前になりますが学校の圃場で新しい作物が何か作れないか検討し"気候的にも寒いところで，りんごが作れるなら植えてみよう。"と，試験的に栽培が始まった様です。

東北地方と違い高野町は中国山地の山間にあり，当時は棚田も多く食料も乏しい時代ですので，当時のりんごはなかなか手に入らなかった為，果実を作って食べたい！という思いもあったのでは，ないでしょうか。

高野町では現在，約16戸ほど栽培農家がありますが昔は町内の広範囲で栽培され，昭和38年豪雪等で栽培をやめた農家もあったそうです。

この高野町は，西日本で広島県にありますが標高約520Mで雪が2M近く積もります。

5月5日頃でも夜間は氷点下まで下がります。こちらでは霜の被害を軽減

するため，防霜スプリンクラーがあります。0度に下がると水を散水し花を凍らせて霜の害を防ぎます。多分，全国でもあまり無い設備と思います。

広島県では，東城町と広島県中部あたりも数戸が栽培されているようです。

(写真提供：長曽りんご園)

難しい言葉があったら先生に教えてもらってください。

分からない事，疑問に思ったことがあれば，またご連絡下さい。


長曽りんご園

◇◇◇◇◇◇◇◇◇◇◇◇◇◇◇◇◇◇◇◇◇◇◇◇◇◇◇◇◇◇◇◇◇◇◇◇◇◇◇◇◇◇◇◇◇◇◇◇◇

⑤　このりんご園がある広島県高野町（注：現在は庄原市）がどこにあるのか地図で確認します。すると，高野町は中国山地にあることがわかります。標高の高い山もあります。

⑥　次に，日本地図に夏・冬の気温が表されているものを見ると，広島の一部は東北地方と同じぐらいであることがわかります。つまり，広島でも地域によっては寒いところがあるのです。

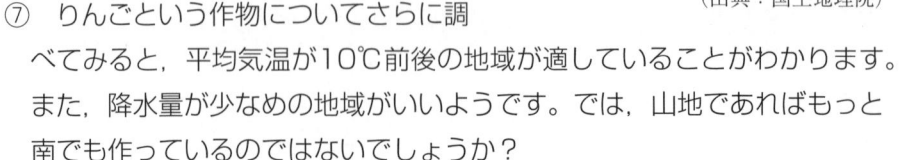

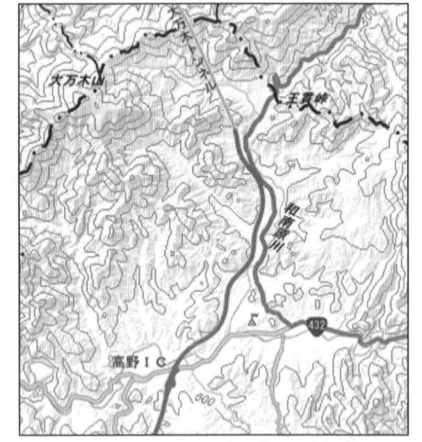

(出典：国土地理院)

⑦　りんごという作物についてさらに調べてみると，平均気温が10℃前後の地域が適していることがわかります。また，降水量が少なめの地域がいいようです。では，山地であればもっと南でも作っているのではないでしょうか？

平均気温（8月）　　　　　　　　　平均気温（2月）

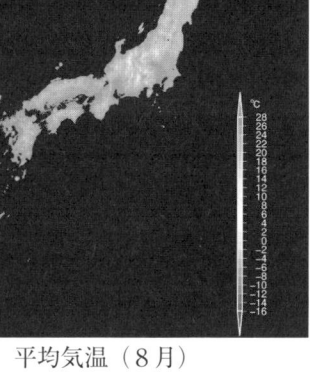

（出典：気象庁「メッシュ平年値2010」）　※上記のような全国の気温が分かる図を使用

⑧　もう一度地図を見ると，九州の中央あたりの気温が広島の山地付近と同じぐらいになっているようです。このあたりでりんごが作られているのでは？とネットで検索してみますと…ありました！福岡でも宮崎でも！つまりは，南であっても山地で平均気温が10℃前後であれば，りんごを作るのに適しているということです。

⑨　このようにしてみると，単に北とか南とかではなく，地形や気候を生かして作物を栽培していることが強調されます。

### ここもポイント！

米は全国で栽培されている。それはなぜか？というゆさぶりもよい。ちなみに，もともとは南方種だったものを日本人が品種改良し北の方でも作れるようにしたのである。東北地方や北海道で生産量が多いのは，昼夜の寒暖差が大きい方が適していることや栽培技術の向上，収量が安定していることから栽培する農家が多かった，という理由が挙げられる。

**5年** 我が国の水産業

# 8 「すしネタはどこから？」

## こうして仕掛ける！

　日本の水産業についての導入です。すしネタは格好のネタです。（ダジャレではありません。）食べ物は子どもの興味をそそります。すしネタがどこで獲られているのか，消費者から生産者へとたどることで興味を持続させます。

**仕掛けるための準備・ツール**
○　特になし

## こうして授業展開！

① まず，「○○○寿司，開店！」と書きます。（○○○には，先生の名前や，学校の名前を入れましょう。）

② 次に，すし桶の中に，まぐろ，いか，はまち，えびの寿司のイラストを描きます。これは，遠洋，沿岸，養殖，輸入のそれぞれの代表的なものです。こうした代表的なものを入れるのがポイントです。これらのネタでなくてもよいです。教科書や資料集で調べやすいものを設定しましょう。（例えば，遠洋はカツオ，養殖はタイでもよいです。）

③ 先生が寿司屋に扮して話を進めます。
『へい，いらっしゃい！何にしやすか？』（と，子どもに聞く。）
「んじゃ，まぐろください。」
『へい，まぐろね！んじゃ，今とってきます！』
（違う子に）『おう，じゃあ，まぐろとって来てくれい！』
ここで，子どもは困るでしょうから，

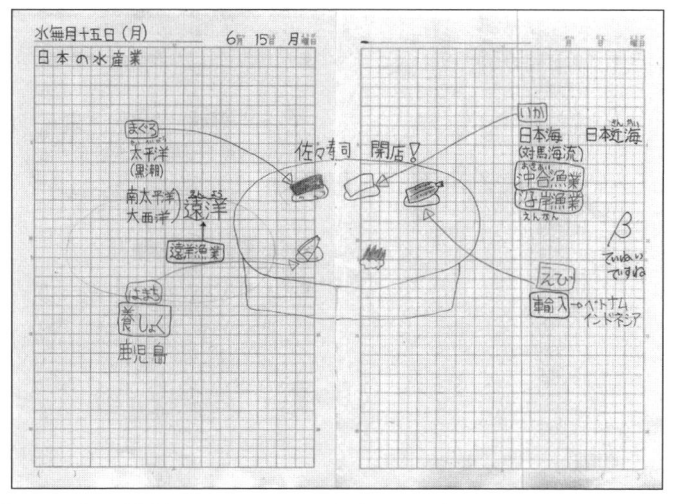

『ったく，まぐろがどこでとれるかも知らねえのかい！こんなときは調べるんだよ，べらぼうめい！』
と，調べることを促します。
④ 教科書や資料集などで調べてわかったら，「まぐろ，太平洋」と書きます。『ずいぶん，遠くまで行くんだねえ。どれぐらいの期間，行ってくるの？』とか，『こういう遠くまで行く漁業を，何漁業って言うの？』とか聞きながら，答えを板書していきます。
　　ここでは，あまり詳しく調べずに概略だけを簡単に書いていきます。
⑤ 同じ要領で，いか，はまち，えびについても板書していきます。
⑥ 全部書き込まれたところで，『日本の水産業が，このすしネタに表されています。』と説明します。『次の時間からは，これらのことについて詳しく勉強していきます。』と予告して終わります。

### ここもポイント！

① 詳しく調べてから書き込んでいき，だんだん完成させていってもよい。
② これは，キャラクタートークなので，「先生。」と呼ばれたら，『先生じゃない。親方と呼べ！』なんて言うと笑える。

5年 我が国の食料環境について

## 9 「日本の自給率はどれぐらい？」

### こうして仕掛ける！

　先進国の中で，日本の食料自給率は低いです。これを統計資料として提示し，もし食糧輸入がストップしたらどうなるかを想像させることで，問題意識を高めます。そして，自給率を高めるにはどうしたらよいか，自国の産業を守るには他国とどう付き合っていけばよいかを考えていきます。

#### 仕掛けるための準備・ツール
○　食料自給率がわかる統計資料（棒グラフがよい。）
○　食品ごとの自給率がわかる資料（小麦，大豆，えび，など）
○　日本に食料を輸出している国が自然災害にあっている資料（新聞記事，ネットニュースなど）

### こうして授業展開！

① まず，食料自給率の意味について教えます。教科書や資料集に用語として載っていることが多いですので，それを見つけさせます。

② 次に，各国の自給率を予想させながら，発表していきます。右のようなグラフを用意し，棒の部分は隠しておいて，下から順番に見せていきます。
　すると，子どもたちは日本の自給率が39％しかないことに驚きます。残り61％は輸入していることを確認しておきます。

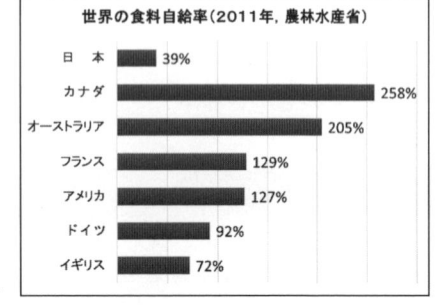

世界の食料自給率（2011年，農林水産省）

| 日本 | 39% |
| カナダ | 258% |
| オーストラリア | 205% |
| フランス | 129% |
| アメリカ | 127% |
| ドイツ | 92% |
| イギリス | 72% |

③ 次に,「天ぷらうどんから輸入品を取り除いたら何が残るのか?」ということを考えていきます。原料ごとに見ていくと,うどんは小麦,つゆは大豆,天ぷらはえびと小麦,あとはねぎ。

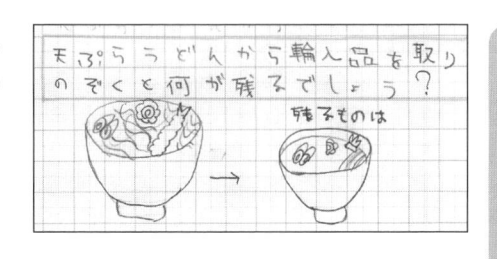

調べていくと,小麦の自給率は約11%,大豆は約7%,えびも約7%(2011年),ねぎはどうやら90%以上は自給できているようです。すると残るのは…。うどんの麺が2本ぐらいとうすーいつゆ,えびひとかけらの天ぷら,あとはねぎ。これは大変です。子どもたちも驚きです。

④ ただ,現実的に輸入がストップする状況があるのだろうか?という疑問がわき起こります。これについては,たとえば外国の異常気象による不作の新聞記事を使います。私はオーストラリアで雨量が3分の1になったために小麦の生産量が6割も減ってしまった事例を使いました。オーストラリアは日本の小麦の輸入量の約20%を占めています。もし,これが他の国でも起こったら,日本の小麦の輸入量は激減します。当然,日本の食卓にも大きな影響が出ます。

⑤ 最後に,「食料の自給率を高めていくにはどうするか?」について考えます。

### ここもポイント!

① 食品の3分の1は捨てられていることも教えると,たくさん輸入してたくさん捨てている日本の食料事情にさらに関心が高まる。
② 天ぷらうどんの代わりに,その日の給食のメニューで考えてみるのもよい。
③ 自給率を高めるのではなく,輸入量をいかに確保していくのか,という視点からの学習もできる。

| 5年 | 我が国の工業 |

## 10 「工場はどこにつくる？」

### こうして仕掛ける！

　日本の工業地帯の学習です。架空の地域のどこに自動車工場をつくるか，というシミュレーションを行います。これを通して，工場はどのようなところにつくられているのか，その条件を知ることで工業地帯がなぜそこにできているかを理解できます。

（仕掛けるための準備・ツール）
○　架空の地域の地図
○　日本の白地図と工業地帯・地域を表した地図のスライド
　　（プロジェクター等で映す，差し替え可能なもの）

### こうして授業展開！

①　まず，学習の内容を教えます。『あなたは，自動車会社の社長です。今度，"宮木県"に工場を作ることになりました。会社の経営がうまくいくようにするためには，工場をどこにつくったらいいでしょうか。A～Fのエリアから選び，理由も書きましょう。』と投げかけます。

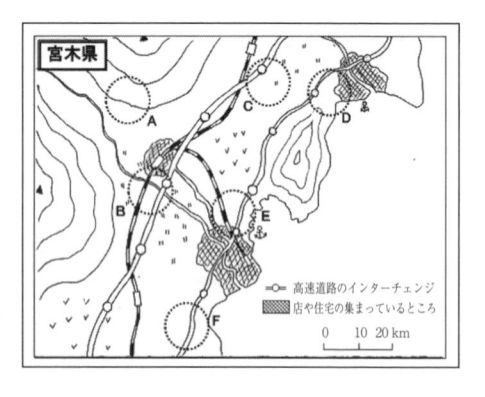

②　子どもたちは自分なりの考えから，A～Fのエリアを選びます。そして，意見を発表し，エリアをしぼっていきます。ここで討論が発生します。社

社会科好きの先生ならもうおわかりかと思いますが、答えはBかEです。もしくはD。ここで大切になってくるのは理由です。BかEである理由は
- 　平地である。（建設しやすい。）
- 　高速道路のICがある。鉄道の駅が近い。（原料、製品を運びやすい。従業員が通勤しやすい。）
- 　人口が多い地域が近い。（従業員を確保しやすい。）
- 　川が近い。（工業用水を確保しやすい。）
- 　Eの場合は港も近い。（製品を輸出しやすい。）

Dのエリアは鉄道こそありませんが、Bにはない港があります。

ここでは一つにしぼるのが目的ではなく、理由を出し合って、どういうところが工場を建てるのに適しているのか、ということに気づかせるのが目的なのです。

以上のようなことから、工場を立地させる条件は、平地であること、交通機関が整備されていること、人口の多い地域が近いこと、港に面していること、川が近いこと、と整理します。

③　次に、『では、日本の場合、今出された条件に合うようなところはどこでしょう。』と問います。すると、子どもたちからは「東京」「大阪」「名古屋」「仙台」…などと出されていきます。出されたところは日本地図（白地図をプロジェクターで映したもの）にマーキングしていきます。マーキングしたら、日本の工業地帯・地域が表された地図を重ねます。すると、マーキングされたところが工業地帯と重なることがわかります。つまり、先ほど挙げた条件に合っているところに工場が集中しているのです。

### ここもポイント！

① 　架空の地域の設定が重要なポイント。一つのエリアに収束するように設定してもよいし、この事例のように２つないし３つに設定してもよい。
② 　必ずしも話し合いが収束しなくても、工場立地の条件が出ればよい。
③ 　条件に合った地域を探させる時は各自の地図帳を使わせる。

第２章　学年・単元別 楽しく学ぶための仕掛け術　73

**5年** 放送・新聞と国民生活とのかかわり

# 11 「このCMはどこがポイント？」

## こうして仕掛ける！

　流行りのCMを見せて，どういうところを工夫しているかを指摘させることで，CMの効果について気づくことができます。

(仕掛けるための準備・ツール)
○　CMの動画（わかりやすいもの，放送禁止になったもの）

## こうして授業展開！

① まず，CMを選びます。いろいろな制約があるので，はっきり「このCMを使いましょう！」とは言えませんが，
　　○　商品のイメージがはっきりわかる。
　　○　商品の良さがはっきり出ている。
　　○　キャラクター，有名芸能人が出ている。
　　○　口ずさめる音楽が流れている。
　というものがよいです。ちなみに私は（数年前ですが），子どもが店長になる自動車メーカーのCMや，自動車がロボットに変形してビルの上をジャンプしていくCMを使いました。
　今でしたら，携帯電話のCMがおもしろいですね。

② 授業では，まず選んだCMを見せます。子どもからは「あ～これ，見たことある。」「知ってる，知ってる！」といったリアクションがあるでしょう。そこで，発問。
　『このCMでは商品をおぼえてもらうようにするためにどんな工夫をしていますか。』

または,『このCMは商品のどんな良さを表現しようとしていますか。』と問います。
③　まずは,子ども自身が見つけていきます。
　　○　商品名を歌にしている。
　　○　今流行りの人を出している。
　　○　商品の良さを字(テロップ)にしている。
　　○　いいイメージを出している。
　　○　〜な良さを○○○で表している。
　などのようなものを指摘します。
　例えば,前述の,子どもが店長になるCMだったら,流行りの芸能人を使っていることや,歌を流していることや,良さを表すためにテロップを大きく出している,ということが出されました。
　また,車がロボットに変形するCMについては,良さをどう表しているのかがわかりにくかったようでしたが,『この車は道の悪いところでも走れるというところが良さなんだよ。』と教えたところ,「ロボットがあちこちにジャンプしていく様子で,車の走りの良さを表しています。」と気づきました。
④　次に,放送禁止になってしまったCMを見せます。(子どもへの刺激が少ないものを選ぶように配慮します。)『このCMが禁止になってしまったのはなぜでしょう?』と問うことで,CMはどんなものでもいいのではなく,見る人が不快になるようなものや,過剰な演出,わかりにくいテロップなどがあるものは,クレームがついて放送されなくなってしまうことに気づいていきます。
　こうして,CMの良さや役割について理解を深めることができます。

**ここもポイント!**
①　新聞広告を素材にしてもよい。
②　放送禁止のCMについては,企業批判にならないように配慮する。

## 5年 放送・新聞と国民生活とのかかわり

## 12 「ニュース番組ができるまですごろく」

### こうして仕掛ける！

　テレビ局についての学習。○○○作りのように順序性があるものは，P62同様に，すごろくにするとよいです。すごろくは順番が大事ですし，「一回休み」などにニュース作りの苦労を，「何マス進む」というところに作るうえでの工夫を反映できます。そして何よりもできあがったもので遊べます。このように，楽しみながら報道の仕事について学べます。

（仕掛けるための準備・ツール）
○　特になし

### こうして授業展開！

① まずは，ニュースをどうやって作っているのかについて学習します。教科書や資料集だけでなく，NHKなどの動画を見るとより理解が深まります。
② 一通り学んでから，ニュース作りについてのまとめとして，すごろく作りをすることを話します。
　○　ふりだしは，企画するところから。あがりは，放送するところまで。
　○　ニュース作りの手順を教科書や資料集で確認しながら，確実に書き込む。
　○　ノートの見開き2ページにまとめる。
　○　途中で，一回休みや何マスもどる，何マス進むといったものを入れる。そこには，ニュース作りの苦労や工夫を盛り込む。
　○　色鉛筆で色を塗って見やすくする。

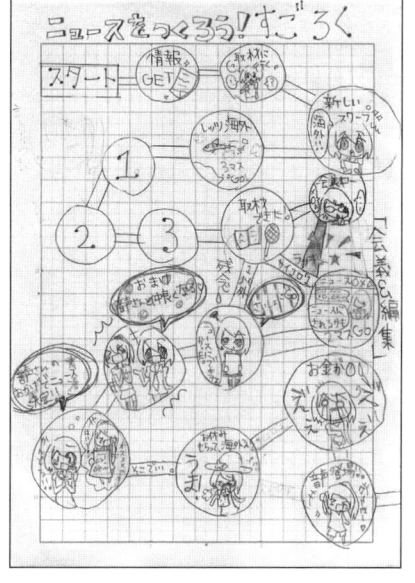

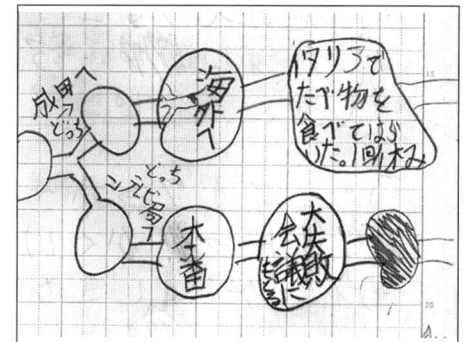

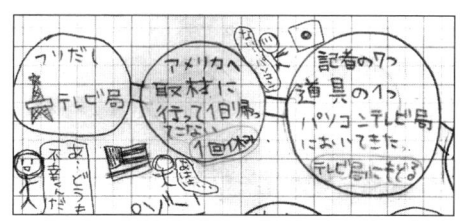

○　できあがったら，できあがった人同士で遊んでみる。
③　すごろく作りは子どもたちにとって，とても魅力的です。だいたいの子どもが集中して取り組みます。作業途中でお互いのすごろくを見合う時間を設定すると，工夫しているところを共有することができます。
④　できあがったものを遊ぶ時には，サイコロを作ったり，鉛筆の面を使ってサイコロの代わりにしたり，鉛筆のキャップや消しゴムをコマ代わりにしたりして遊びます。

　最後に，取材のために苦労していることや，わずかな時間のニュース放送にその何倍も時間が費やされているところに着目できるようにします。

🔍ここもポイント！

「米ができるまで」「自動車ができるまで」など，順序性があるものはすごろくにするのが効果的。

第2章　学年・単元別 楽しく学ぶための仕掛け術　77

**5年** 情報社会と国民生活とのかかわり

# 13 「まちがった情報でどうなる？」

## こうして仕掛ける！

　CMや新聞，雑誌の誇大広告や，テレビのやらせ問題などを紹介し，それについて考えることで，間違った情報が意外に多いことを知らせます。

> **仕掛けるための準備・ツール**
> ○　CMの誇大広告動画
> ○　新聞，雑誌の誇大広告
> ○　テレビ番組のやらせの事例の写真　（これらをスライドにしておく）

## こうして授業展開！

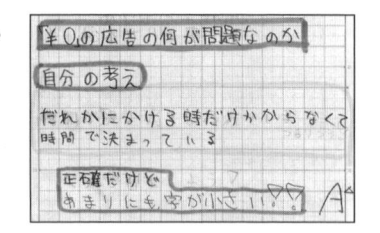

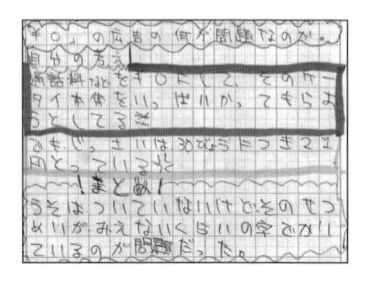

① まずは，CMの誇大広告から見せます。『これから，以前に問題になったCMを見せます。どこが問題となったのか，考えてください。』と投げかけておきます。

　いろいろな意見が出ますが，だいたい当たりません。答えは，「通話料が0円と書いてあったけど，どこに電話しても0円というわけではないことがすごく小さい字で書いてあること」です。

② これの何が問題なのかを考えます。子どもたちは「CMはうそではないけれど，字が小さすぎて読めない。」「小さい字を読まずに，0円だと信じてしまう。」と言います。これを受けて，こうし

たまぎらわしい広告を監視して取り締まるのが日本広告審査機構（JARO）だということを教えます。

③ 次に，誇大広告を使います。（よくある「〇kg やせた！」といったものがよいでしょう。）『これはどうですか。本当だと思いますか。』するとだいたいの子は「あやしい。」「うそかもしれないと思う。」と答えます。『全部がうそだとは言えませんが，すべてが本当だと信じるのもどうでしょうね。』といった見方を知らせます。

④ さらに，テレビ番組での"やらせ"の事例を紹介します。これを聞くと，子どもは「何を信じていいかわからない。」ということをつぶやくようになります。そこで，『すべてがうそではありません。しかし，すぐに信じられないことは，他のテレビや新聞の情報でも調べてみる必要がありますね。』と，情報を得たときの扱い方について教えます。

⑤ 最後に，情報を発信する側と受け取る側の心構えについてまとめ，ここからネットリテラシーへとつなげていきます。

### ここもポイント！

やらせの問題については，情報を提供する側だけでなく，おもしろがっている視聴者にも問題があることを付け足すと，提供側だけの責任でないことが強調される。

第2章 学年・単元別 楽しく学ぶための仕掛け術　79

> 6年生の社会科授業を教える際のポイント

# 「ドラマティック，ミニエクササイズ」

## ●●● 歴史は人間臭い ●●●

　6年の社会といえば，歴史の学習です。好きな子はほうっておいても勝手に勉強しますが，好きじゃない子には苦痛でしかありません。でも，歴史は人間の営みの記録。実に人間臭いのです。ここはやはり，人物エピソードが欠かせません。だって，みなさんも昔，授業中に先生が話す歴史のこぼれ話のようなものに興味をもったのではありませんか？できるだけ多くネタを集めておきましょう。有田和正先生の著作『子どもを歴史好きにする面白小話集（2002年・明治図書）』なんかは，実にいいです。

　歴史漫画もいいですね。朝日新聞出版が出している『週刊マンガ日本史』は薄くて読みやすいし，当代きっての漫画家たちが執筆しているので目を引きます。学研で出している『NEW 日本の歴史シリーズ』もいいです。絵が新しくなって現代風です。どちらも教室においておきたい一品です。とりあえず，マンガでいいんです。だって，興味をもったらこっちのもんですから。

　そして，よりドラマティックに教えたいですね。じゃあ，どうすればいいか？それはVTRをふんだんに活用することです。例えば，NHKの大河ドラマはいいですねえ。関ヶ原の戦いや，本能寺の変，壇ノ浦の戦い…。思わずドラマに見入ってしまいます。YouTubeでは，戦争ものが多くあります。原子爆弾の投下のCGや，沖縄戦の実録動画など，実に迫力があります。また，ドラマティックではないですが，おすすめなのが，NHK for schoolのサイトにある「歴史にドキリ」です。この中の中村獅童扮する歴史上の人物が歌う場面は最高です。大いに笑えます。しかも，番組自体がコンパクトにまとめられているのでわかりやすいです。

## ●●● ミニエクササイズ ●●●

「歴史はドラマだ。」と言って興味をもたせようとしても，それでも興味をもてない子は確実にいます。そういう子どもを意欲的にさせるために，授業の最初の5分程度にミニエクササイズを行います。これで，気持ちを高揚させて，授業に臨ませます。同時に基本的な内容も覚えさせるようにします。

① 時代名を覚えよう

　歴史の基本は時の流れです。ですから，時代名を覚えることは重要です。これがわからないと順番が無茶苦茶になってしまいます。ですから，4月のうちに時代名を覚えてしまいます。ノートに時代名を順番に書かせ，暗唱させます。暗唱できるようになったら先生のところに聞かせに来ます。合格したら，まだ暗唱できていない子どものサポートを行います。こうやって全員が覚えられるようにします。

② 歴史人物カルタ

　「都道府県カルタ」の項でもカルタの有効性について述べました。それの歴史人物版です。ある程度歴史人物が登場してきたあたりに始めます。鎌倉時代ぐらいがいいでしょう。やり方は次の通り。

　　○　グループにワンセット渡す。
　　○　指定された時代の人物の札を並べる。（例えば，戦国〜明治時代）
　　○　読み札の代わりに3ヒントを出して，わかった時点で札をとる。

例えば，『平城京，天皇，大仏』といえば「聖武天皇」ですね。このようにして，ヒントを出していきます。

③ フラッシュ
　覚えておきたい人物や出来事などをフラッシュにして，子どもが答えていくというシンプルなものです。私は，プレゼンソフトを使ってプロジェクターで映しています。やり方は次の通り。
　○1回目：「まずおぼえましょう」と，人物名と関連することを表示。

| まず，おぼえましょう | 鎌倉に幕府を開いたのは<br>源頼朝 | 武士の頭領のことで源頼朝がなったものは<br>征夷大将軍 | 将軍を助けて政治を行う役は<br>執権 |

　○2回目：「すばやく答えよう」と，人物名を隠し関連することだけを表示。

| すばやく答えよう！ | 鎌倉に幕府を開いたのは<br>源頼朝 | 武士の頭領のことで源頼朝がなったものは<br>征夷大将軍 | 将軍を助けて政治を行う役は<br>執権 |

　○3回目：2回目と同様だが，順番を入れ替える。

| 次は，順番を入れ替えるよ | 将軍を助けて政治を行う役は<br>執権 | 理科でするのは<br>実験 | 鎌倉に幕府を開いたのは<br>源頼朝 |

| 武士の頭領のことで源頼朝がなったものは<br>征夷大将軍 | これは<br>手ぇ痛いしょう君 |

実際は答えはあとから出る。

　そして，ここがミソですが，途中に笑えるようなものを織り込んでいきます。例えば中臣鎌足をいくつもまとめて映し「中臣鎌足のかたまり」だとか，

征夷大将軍の次に手が痛い男の子の絵を映して「手ぇ痛いしょう君」とダジャレを入れるとか。これがあると，歴史に全く興味のない子も食いついてきます。このことによって，少しでも印象付けられて覚えられれば，と期待するわけです。

　紙面の都合上，スライドは４枚しか出していませんが，実際は１回に40枚ほど使います。習っている時代ごとに少しずつ内容を変えていきます。最初，作るには少々苦労しますが，一度作ってしまえばあとは少しずつ変えていくだけなので，思ったよりも楽に作れます。

## ●●● 学習問題を工夫すること ●●●

　第１章で，学習問題の型は４つあると述べました。
①事実追究型：「どのように〜だろう。」「〜は何だろう。」
②原因追究型：「なぜ〜だろう。」「どうして〜だろう。」
③体験活動型：「〜をやってみよう。」「〜をしよう。」
④意思決定型：「〜と〜のどちらがいいだろうか。」「〜するにはどうすればいいだろう。」

　６年生では，原因追究型や意思決定型を増やしていくとよいです。特に，歴史の「if」を考えることで，現代の問題について考えることができます。例えば，この後紹介する事例に，次のようなものがあります。
「奈良の大仏を作ったことは人々のためになったのか。」
「もし，元がもう一度攻めてきたらどっちが勝っただろう。」
「３人の武将の中で一番優れているのは誰だろう。」
「鎖国をしなかった方が日本のためになったのではないか。」
　といったものです。これらの学習問題について自分の立場を決め，その理由について説明することで論理的な思考力がついてきます。６年生は少しずつ論理的な思考ができるようになってきます。そして，これを考えることで，現代社会の問題に通じるものがあることに気づいていくのです。

第２章　学年・単元別 楽しく学ぶための仕掛け術　83

**6年** 歴史の導入

# 1 「地球の歴史を1年に例えると」

## こうして仕掛ける！

　歴史の学習の導入で行います。いかに地球の歴史が長いかを実感させるために、地球の46億年の歴史を1年に例えます。そして、人類の歴史は12月31日で、しかも午後11時37分であること、西暦が始まるのは午後11時59分46秒であること、20世紀は59分59秒だということを子どもたちは知ります。長い地球の歴史から見ると人類の発展はほんの一瞬であることに子どもたちは驚きます。

### 仕掛けるための準備・ツール
○　特になし

## こうして授業展開！

① 『地球が誕生したのは今から46億年前です。誕生から現在までを1年と例えると、人類の誕生はいつでしょうか？』と言いながら、黒板の端から端まで直線を描いて、左端に「地球誕生・1/1、午前0時00分」右端に「現在・12/31、午後12時00分」と書きます。

　『例えば、最初の生命が誕生したのはいつだと思いますか？』子どもたちは「1月2日」「1月17日」などと適当に言います。『生命の誕生は2月25日です。』と、答えを聞くと、ああそんな感じか、という反応をします。『魚類が誕生したのはいつでしょう？』「3月9日」「5月10日」と、ここでも適当に言います。でも答えは、11月20日です。ここで、「え？」という反応が出ます。意外に時間がかかっているからです。

② ここで、本題の『人類の誕生は何月何日？』に移ります。子どもたちの

予想は，先ほどの魚類の誕生が11月だったことを受けて，「12月8日」「12月20日」「12月31日」と12月に集中します。そして，答えの発表。『12月31日です。』「やっぱり！」と歓声が上がります。

③ 『では，西暦が始まったのは12月31日の何時何分でしょう？』と次の発問。子どもたちの答えは午後に集中します。でも，答えは『午後11時59分です。しかも46秒。』これを聞いて子どもたちは「え～！！」と驚きます。『みんながこれから勉強するのは，この14秒間の歴史なんですね。』と説明。さらに追い打ちをかけるように『20世紀が始まったのは午後11時59分59秒です。わずか1秒です。』これを聞いて，さらに驚きます。

『地球の長い歴史から見ると，人類の歴史はわずか14秒ですが，この間にめざましい発展を遂げるのです。これを勉強していきます。』と締めくくります。

▶ここもポイント！
46mの線を引いて，それに合わせるというやり方もある。

## 6年 狩猟・採集の時代

## ② 「縄文人はグルメだった」

### こうして仕掛ける！

　縄文時代というと，何かいろいろなことが不便で大変な生活を送っていたかのイメージを子どもたちはもっています。しかし，縄文人は食物の「旬」の時期をちゃんと知っていたし，知恵を生かして生活していたのです。そういうことを，絵図の読み取りから気づかせていきます。

**仕掛けるための準備・ツール**
○　教科書や資料集の縄文人の生活や四季の食べ物がわかる絵図

### こうして授業展開！

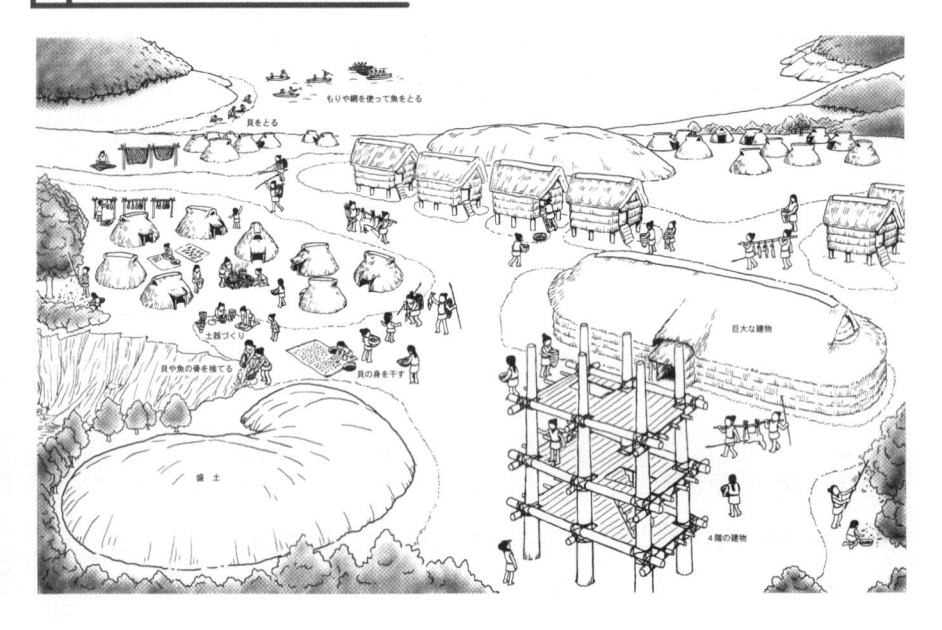

① まず，教科書などにある縄文時代の生活の様子を表した絵から，気づいたこととそこから考えられることを書かせます。「土器を作っている→食料の入れ物にした。」という感じです。これを続けてもそれなりにおもしろいですが，ある程度書き進んだところで次のように発問します。

『縄文時代の人は竪穴住居というところに住んでいました。さてこの住居の入り口はどちらの方角を向いているでしょう？』

答えは『南向き』です。窓がないので入口は光がよく入る南の方を向いていたのです。ここでまず一つ縄文人の知恵を知ります。

② 次は，縄文人の一年間の食べ物を表した図から読み取ります。すると，春には貝，夏には魚，秋には木の実，冬にはウサギなどの動物を多く獲っていることがわかります。

ここで次のように発問します。『その時期でないと獲れないものを食べていたことはわかります。でも，動物は年中獲れそうなのに，なぜ冬に獲るのでしょう？』すると，「冬だと他に食べ物がないから。」「冬だと動物の動きも鈍くなって獲りやすくなるから。」などの回答があります。それも正しいですが，『冬眠に備えて食べ物をたくさん食べて肉に脂がのっているから。』という理由もあるのです。縄文人は食べ物の旬を知っていました。グルメだったのです。

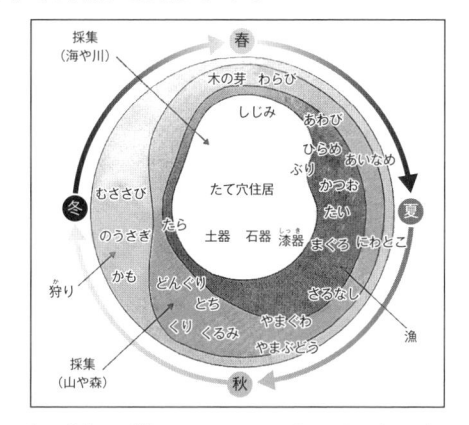

③ こうした発問で，昔の人々の生活は自分たちが想像しているよりもはるかに知恵を使っていることに気づいていきます。これらのことに知的好奇心が刺激されていき，次の時間への意欲につながるのです。

▶ここもポイント！

縄文クッキーや縄文ハンバーグを作っていた，というネタもおもしろい。

**6年** 農耕生活のはじまり

## 3 「縄文→弥生 くらしの変化ランキング」

### こうして仕掛ける！

　弥生時代になると，稲作が始まります。これによって，人々の生活は大きく変化します。食料が安定することで体格が大きくなります。集団で農耕をすることにより，指導者が生まれます。水や米をめぐり，集落同士の争いも見られるようになります。それにランキングをつけることで，変化の重要度に目が行くようになり，関連性にも着目するようになります。グループや全体で話し合うことで，社会的な思考力も育ちます。

#### 仕掛けるための準備・ツール
○　教科書や資料集の弥生時代の生活がわかる絵図

### こうして授業展開！

① 　まず，教科書などにある弥生時代の生活の様子を表した絵から，気づいたこととそこから考えられることを書かせます。この他にも教科書や資料集を使って，弥生時代になって生活がどう変わったかを調べていきます。

② 　次に，その変化の中で，一番大きな変化だと思われる順番にランキングをつけていきます。

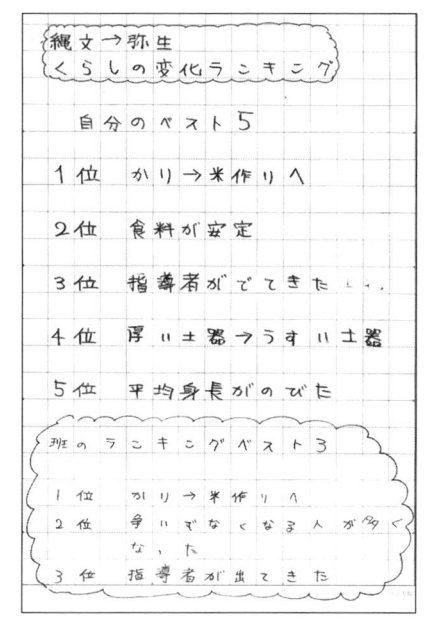

まずは自分でランクづけします。次にグループで相談します。ここがポイントです。なぜ，それを１位にしたのか，理由を話さないとグループでランキングをつけられません。ここで，社会的な思考力が発揮されるのです。「米作りが始まったから指導者が生まれたんだから，米作りの方が上だよね。」「争いごとになったのは指導者が指示したはずだから，指導者の誕生の方が重要じゃない？」などという会話がなされていきます。

③　最後に全体で話し合います。グループの時のように理由付けがカギとなります。同じように意見の応酬があり，最後は多数決で決めます。しかし，『これは６年○組の見方だからね。』と付け加えて，研究者によっても意見が分かれるような内容だということを話しておきます。

**ここもポイント！**

① 調べきれない部分については，教師の方から説明してもよい。
② ３位ぐらいまで決めるぐらいが，時間的にもちょうどよい。

**6年** 古墳時代

## 4 「古墳の大きさは？」

### こうして仕掛ける！

日本の古墳は世界的見ても大きなお墓です。面積だけで行くと，大仙古墳は世界一です。Webの地図（航空写真）を使って他のものと比較することで，古墳の大きさを実感させます。

#### 仕掛けるための準備・ツール
○ パソコン
○ インターネット環境
○ 電子黒板かプロジェクター

### こうして授業展開！

① まず，インターネットの地図サイトを起動し，大阪の堺市を映します。『この中に，今日勉強するものが映っています。』と言います。すると子どもは「え？」とか言いながら見ます。

② 少し大きくします。『もうすでに見えていますね。』と，ちょっと刺激します。すると，子どもたちから，「あ！なんか緑色のものがある！」「山じゃないの？」などという発言が出ます。

③ さらに大きくします。『もうわかりましたね。』予習している子や教科書を見ている子が，「古墳だ！」と答えます。

『そうです。これは古墳です。大仙古墳と言い

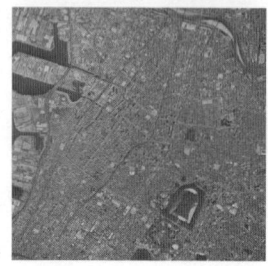

ます。大阪にあります。』
④ 『どれぐらい大きいか，まわりのものと比べてみましょう。』と言ってさらに拡大します。すると，近くにはテニスコートがあります。また，学校のようなものも見えます。これを取り上げて比較させると大きさが想像できます。『だいたいどれぐらいあるかわかりますか？』というと，教科書や資料集で調べ始めます。だいたい長さは486ｍ，幅は305ｍです。とにかく大きいです。
⑤ 『この古墳っていうものはいったい何なのでしょう？』と問います。すると，子どもたちは「お墓」と答えます。続けて『誰のお墓？』「えらい人」「豪族」。『豪族って何？』と聞きながら，古墳が何なのかがわかってきます。
⑥ そして，『なんで，こんなに大きいお墓を作る必要があったんでしょうね？』と聞きます。ここがポイントです。ここまで大きいものを作る理由を考えることで，当時，これを作るぐらい大勢の人を動かすだけの強大な力をもっていた人がいた，ということに結び付けていきます。

（出典：国土地理院ホームページ）

ここもポイント！

NHK for School などに動画があるので，それを併用するとよい。

第2章 学年・単元別 楽しく学ぶための仕掛け術　91

|6年| 大仏の造営

## 5 「大仏のパーツを作ろう」

### こうして仕掛ける！

　大仏の大きさを実感させます。よく，校庭に実物大を描いたりしますが，時間がかかりすぎるのが難点です。そこで，大仏の顔のパーツ作りをします。これだけでもけっこう大きさを実感できます。

仕掛けるための準備・ツール
○　新聞紙

### こうして授業展開！

① まず，大仏の大きさについて学習します。金銅仏としては世界最大級と言われています。一般的な校舎と同じかやや大きいぐらいです。3階の教室からは，胸ぐらいしか見えないことになります。

② 『どれぐらい大きいか実感してほしいので，顔などのパーツを作ることにします。目，鼻，口，耳，右手，左手です。グループで一つ作ります。新聞紙で作ります。立体的にしなくていいです。平面で。』と話します。クラスのグループの数によって，作るパーツを決めてください。どれに

してもいいですが，あとで乗ってみることのできる「手」は作った方がいいです。

③ 子どもたちは，教科書や資料集，インターネットなどでそれぞれのパーツの大きさを調べて，作り始めます。新聞紙を貼り合わせて，輪郭を描いて，切り抜いて，と進めていきます。1時間で十分できあがります。

④ できあがったものは，人と大きさを比べてみます。写真を撮っておくとよいでしょう。そして，大仏の手に何人乗れるか挑戦します。1人，2人，3人…，10人，11人…，20人，21人，まだいけます。ぎりぎり詰めるとだいたい30人は乗れます。

⑤ できあがったものは，教室に貼るのは難しいので，廊下や階段の壁などに掲示します。そこを通るたびに，大きさを実感することができるのです。

### ここもポイント！

① NHK for School などに大仏の動画があるので，それを併用するとよい。
② 鼻の穴だけ作って，それを通るという東大寺の慣例を真似てみるのもよい。

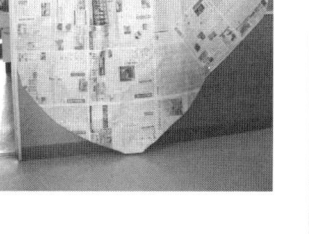

第2章 学年・単元別 楽しく学ぶための仕掛け術 93

6年　大仏の造営

## 6 「大仏で世の中はよくなった？」

### こうして仕掛ける！

　大仏が作られた理由とその過程について考えます。平和を願って作られたはずの大仏。しかし，作られるまでには多くの人々の労苦と犠牲がありました。大仏は本当に人々の役に立ったのか，為政者の政策について考えます。

仕掛けるための準備・ツール
○　特になし

### こうして授業展開！

① まず，大仏を作った理由について教科書や資料集，インターネットなどで調べます。だいたいは，災害や反乱などが起きて世の中が不安に満ちていたので仏の力で平和で穏やかな世の中を作ろうとした，といったことが載っています。確かに聖武天皇はそういう願いをもって大仏を作りました。

② でも，これで終わりにしては浅い学習です。ここで，「世の中のために」と言っているのですから，一般民衆の生活はどうだったのか？ということも調べていきます。すると，この時代大多数を占めた農民

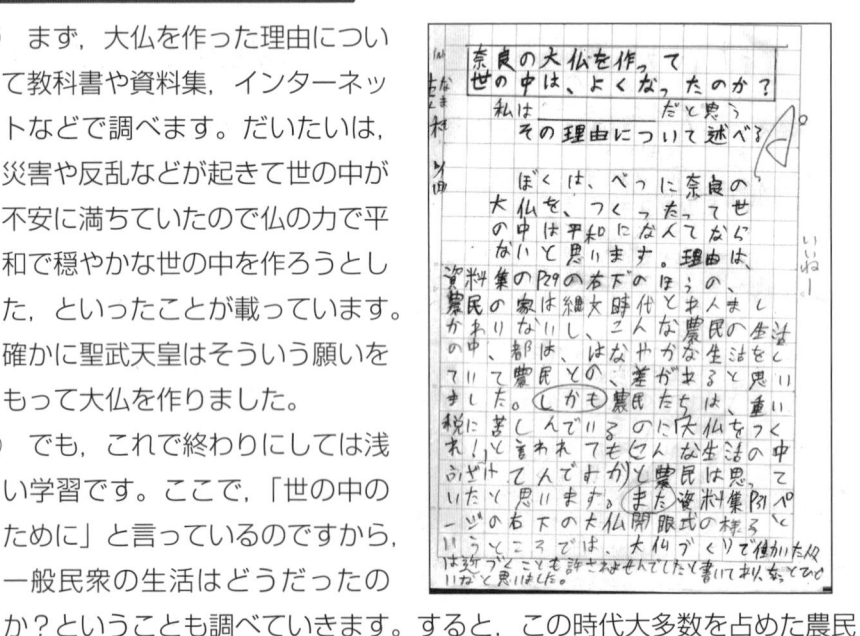

には租庸調などの税があり、また、山上憶良の書いた貧窮問答歌に見られるように、生活は貧しいものでした。そのうえに、大仏作りのために労働力として駆り出されたのです。しかも、大仏開眼式の時には一般の人々は、大仏を見ることもできませんでした。

③ これをもとに、『奈良の大仏を作って世の中はよくなったのだろうか？』と問います。自分の考えはノートに書かせます。その理由は1ページ書くように指示します。自分の考えを書いたのちに、自由に立って歩いて他の子と意見を交わし合います。

④ その後、全体で意見を出し合います。ほとんどの子どもは「よくならなかった。」と答えます。理由はやはり農民の貧しい暮らしのことを挙げる子どもが多いです。こうして、教科書に書いてあることをそのまま受け取るのではなく、一度疑ってかかることも必要である、ということに気づかせていきます。

### ここもポイント！

論述の仕方もこの時に教えるとよい。主に、接続詞「まず」「次に」「また」「しかも」「さらに」「このように」などの使い方を教える。よい書き方をしている子を紹介すると、書き方がわかってくる。

## 6年 貴族の生活

# 7 「貴族の暮らしはいい暮らしだった？」

## こうして仕掛ける！

　貴族の生活というと，華やかで優雅なイメージがあります。実際，一般庶民よりはいい生活をしていましたが，いろいろな制約があったり，大変だったりするところもありました。「貴族の暮らしはいい暮らしだった？」と問うことで，貴族の暮らしについて深く考えるようになります。

### 仕掛けるための準備・ツール
○　貴族の女性の絵
○　まり箱（当時のおまる）の絵

## こうして授業展開！

① 　まず，藤原道長やその一族が，当時，天皇をしのぐほどの力をもっていたことなどを学習します。ここで，紫式部や清少納言など，女流文学が花開いたこと，他には，当時の行事の風習が現在に伝わっていることも学びます。まずは貴族の華やかな暮らしを知るのです。

② 　次に，有名な有田和正先生の実践を行います。右の絵（筆者画）を渡して，色を塗るように指示します。塗り絵ですね。宿題にするとじっくり作業でき

96

ます。色は，教科書や資料集を見て考えるように言っておきます。子どもたちは，十二単をカラフルに塗ってきます。
③　ここで，発問です。『さて，この女の人は何をしているのでしょうか？』すると，子どもたちは，「日焼けしないように顔を隠している。」「外の人に顔を見せないようにしている。」と答えることが多いです。でも，違います。

　　『実は，おもしろいものを見ないようにしているのです。』そう言われても子どもたちはポカンです。『おもしろいものを見ると困ることが起きるのです。』そう言われて，わからないながらも考えようとします。「笑うと下品だと思われるから。」という答えが多いですが，残念ながら違います。

　　『笑うと顔に何ができますか？』「しわ？」『そうです。しわができると困るのです。』『別にしわになってもいいと思うでしょ？ところが，しわができるとひびが入るのです。』「何に？」「あ，化粧に！」「ひびが入るんだ！」『そうなんです。笑うと化粧にひびが入るのです。この当時の女性はそれぐらい厚く顔を白く塗っていたのです。』

④　『ではどうしてこれほど顔を白くする必要があったのでしょう？』と問います。

　　ここで，当時の貴族の家である寝殿造りのイラストや写真を提示して，よく見るように指示します。『実は，この寝殿造りにヒントがあります。この寝殿造りには，現代の家にはついている"あるもの"がないのです。』

（出典：「風俗博物館」ホームページ）

　　これは割とすぐに気づきます。そうです。窓がないのです。『窓がないと奥の部屋は…。』「暗くなる。」『暗くなると顔が見えにくいでしょ。それで，顔を白く塗っていたのです。』当時は通い婚で，しかも一夫多妻。女の人は旦那さんに自分の家に来てもらうために，自分をきれいに見せる必

要がありました。そのために必死で化粧したのです。このことも説明しないと，あの厚塗りのことが理解できません。（しかも，当時のおしろいには鉛が含まれていて，体にはよくありませんでした。）

⑤　次はクイズです。

　『当時の女性は，十二単を着ていました。重さは20kgになることもあったそうです。この十二単を着ているとき，トイレはどうしたのでしょう？3択です。A がまんした。B トイレ用の服に着替えた。C おまるにした。』これも意外とわかります。正解はCのおまるにした，です。ここまでくると，子どもたちも貴族の暮らしは華やかなだけではないんだな，と思い始めます。

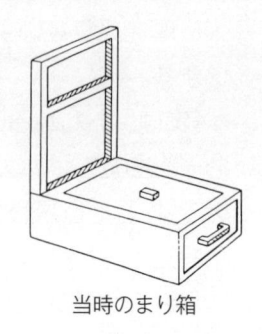

当時のまり箱

⑥　ちなみに，十二単を着ていたのは，当時は寒冷期だったので平均気温が低く寒かったからという説や，あまり風呂に入らなかったので体臭を隠すためという説もあります。しかも，当時は戒律が厳しく，食べるものも制限されていたので栄養失調になるうえに，運動不足だったので，平均寿命は30歳前後だったと言われています。

⑦　ここまでやってから，『この時代の貴族の暮らしはいい暮らしだと思いますか？』と問います。これについては，もちろん意見が分かれます。最初の方にやった華やかな部分に注目する子はいい暮らし，と言うし，後半の大変さに注目した子はよくない，と言います。

98

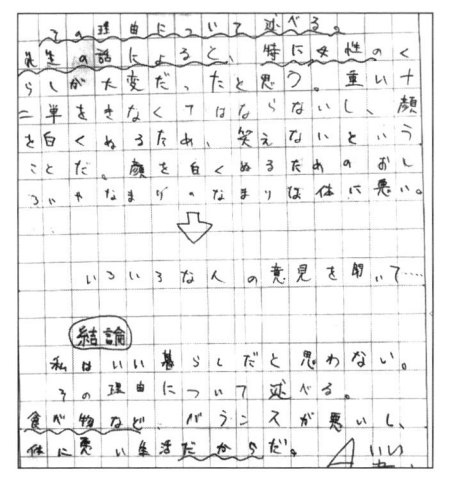

どちらかというと女子の方がよくない，と言う傾向にあるようです。女性の大変さが強調されているからですね。

これはこれで OK です。どちらなのか，と結論を出す必要はありません。いろいろな見方がある，ということがわかればいいのです。

こうして，それぞれの身分の人の生活の違いについて目を向けていくことの大切さに気づかせていきます。

### ここもポイント！

① 実態によっては，「この時代に生まれていたら，貴族になりたいですか？」と問うことの方が合っている場合もある。
② NHK for School などにある動画を見せると，より華やかさが伝わる。

第2章　学年・単元別 楽しく学ぶための仕掛け術　99

| 6年 | 源平の戦い |

## 8 「壇ノ浦の戦いを見よう」

### こうして仕掛ける！

　歴史のおもしろさといえば，やはりドラマティックなところでしょう。その中でも源平の戦いは悲劇性が高く，実に心を揺さぶられます。特に，壇ノ浦の戦いはいくつもの逸話があります。ここは純粋にそれを味わうために，歴史のドラマをただただ見るだけ，というものです。

**仕掛けるための準備・ツール**
○　壇ノ浦の戦いの動画（TVドラマなど）

### こうして授業展開！

① まず，武士が貴族をしのぐほどの力をもってきたことを学習します。平治の乱の絵巻で貴族が逃げ惑うさまが象徴的なので，それを使った読み取りを行うことも効果的です。また，武士の暮らしについては，武士の館の絵図からその様子を読み取ります。（絵図の読み取り方についてはP.140参照）

② 次に，平氏が力をつけてきたことを学びます。平治の乱で勝利して，武士の中でもその力が際立っていたこと，娘を天皇の嫁にして権力を握っていったことをおさえます。その際は「平氏にあらずば人にあらず」とまで言い放っていることにも注目させます。

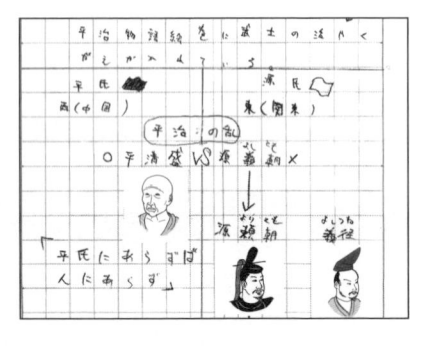

③　主要な人物について調べます。平清盛，源頼朝，源義経の３人は必ず調べるようにします。特に，生い立ちやそれにまつわるエピソードを調べると楽しくなります。頼朝と義経の兄弟関係（異母兄弟，成人するまで別々に育つ。）については当時ならではの特殊な事情があるので，これについては先生が説明してあげた方がいいでしょう。時間があれば源（木曽）義仲，巴御前，静御前，武蔵坊弁慶らも調べます。

④　源平の戦いの主要なエピソードを調べたり，教師が話して聞かせたりします。富士川の戦いで飛び立つ鳥に驚いて平氏が退却したこと，一ノ谷の戦いでの義経の活躍，屋島の戦いでの那須与一の扇の的の話など，この辺のお話は実にドラマティックです。運動会でもある「紅白対抗」は源平の戦いがルーツであることもここで教えます。

⑤　そして，壇ノ浦の戦いです。ここでVTRを見せます。私が最も好んで使っているのが，NHKで放送されていたドラマ「武蔵坊弁慶」のワンシーンです。

⑥　大人向けのドラマなので，難しい言葉も出てきます。例えば義経のことを「九郎殿」と呼んでいること，建礼門院徳子は清盛の娘で安徳天皇の母親であったことなどです。他にも細かいところはその都度解説を入れていきます。

⑦　一番のクライマックスは，安徳天皇の入水の場面です。ここは説明は入りません。ただただ，悲劇を見ましょう。「波の下にも都がございましょう。」の名セリフを聞き逃してはなりません。栄華を極めた平氏の滅亡の象徴的なシーンです。ある意味政治のために利用されていた，幼少の安徳天皇があまりにもかわいそうです。ここで歴史の悲劇性を感じるのです。

### ここもポイント！

① 同様に戦国時代のドラマのワンシーンを見せるのも効果がある。
② その後の義経と頼朝の確執，平泉での義経の最後も見せられるとよい。

6年　元寇

## 9　「元がもう一度攻めてきたら」

### こうして仕掛ける！

　元寇は数少ない日本本土での戦争です。当時の元といえば飛ぶ鳥を落とす勢いのあった国です。そんな元と日本が戦い，結果的には日本が２回とも勝利します。しかし，もし３回目の戦いがあったとしたら，どちらが勝ったでしょう？それを考えてみることで，この戦いの意味や為政者と民衆との関係について振り返ります。

仕掛けるための準備・ツール
○　特になし

### こうして授業展開！

① まず，元寇の概略について教科書の文章から学習します。
② 次に，元との戦いについて絵図の読み取りをします。この際は日本の武士と元の兵士の違いを見つけるようにします。
③ 戦いの結末について知ります。なぜ，圧倒的な兵力があった元が負けたのか，単純に神風が吹いたからという理由に落ち着けないようにします。実は，圧倒的な兵力のほとんどが元に征服された民族だったこと，船は突貫工事で作られていたこと（しかも元は騎馬民族のため，船で

|  | 文永の役<br>(1274年) | 弘安の役<br>(1281年) ||
|---|---|---|---|
|  |  | 東路軍 | 江南軍 |
| 船の数 | 900<br>高麗が1～6月の6か月間に造る | 900<br>高麗が造る<br>船の材料3,000隻分 | 3,500<br>南宋が造る |
| 兵力 | 25,000人 | 40,000人 | 100,000人 |
|  | 高麗人　12,700<br>宋の敗兵<br>女真人（満州）<br>漢人<br>蒙古人（約30人） | 高麗人　25,000〈兵　10,000<br>　　　　　　　　水夫 15,000<br>宋人　南宋人<br>遼（契丹）人　漢人　女真人<br>トルコ人　安南人　蒙古人(140～150人) ||
| 元の損害 | 13,500人死亡<br>200隻余沈没 | 107,000人死亡<br>3,500隻余沈没 ||

（『有田式歴史教科書』（明治図書）より）

の戦いに慣れていない。）が敗因ではないかという説があります。また，日本では恩賞が十分に与えられなかったために，御恩と奉公の関係が崩れ，結果，鎌倉幕府の崩壊につながったことを学習します。

④　ここまで学習してから，『もし，元がもう一度攻めてきたらどっちが勝ったでしょう。』と問います。子どもたちは，それぞれの考えを出します。どちらが正しいということはありませんし，必ず討論にする必要もありません。大事なことは，以前の戦いでの勝因，敗因をきちんとなぞって自分なりに考えることです。

⑤　最後に，『時宗やフビライはどうすればよかったのか？』を考えます。ここでは，それぞれの考えを出させた後に，現代につなげる教訓も考えます。ここがポイントで，歴史の教訓から現代の教訓へと結びつけることを行うのです。これによって，歴史を学ぶことは現代に生かすことに意味があることを，子どもたちに気づかせていきます。

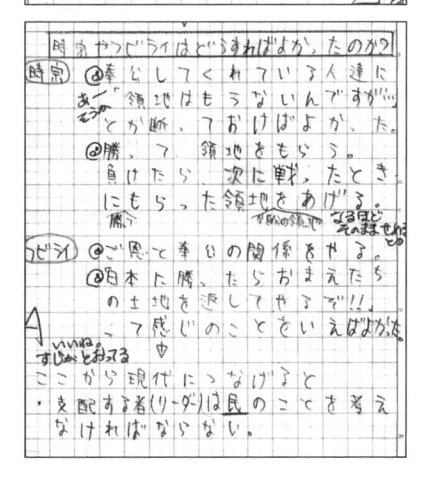

### ここもポイント！

歴史上の「もし〜」を考えることで，現代への教訓を導き出すことができる。

**6年** 戦国時代

# 10 「戦国武将にヒーローインタビュー」

## こうして仕掛ける！

　戦国時代は魅力的な人物がたくさんおり，また興味をそそるエピソードも多くあります。これに，よくスポーツ中継で行われる「ヒーローインタビュー」を組み合わせます。調べたことを普通にまとめるよりも楽しくできます。

仕掛けるための準備・ツール
○　ヒーローインタビューのシナリオ

## こうして授業展開！

① 　選ぶ戦国武将は誰でもよいです。クラス全員で一人について考えてもよいですし，グループで変えてもよいです。例えば，信長，秀吉，家康の3人から一人を選んでもいいわけです。ここでは，地元の英雄，伊達政宗を取り上げた例をもとに話を進めます。

② 　まず，シナリオを作っておきます。左側に質問，右側にその答えを書く欄を作ります。欄は全部で10～12程度作っておきます。質問をすべて子どもに

作らせると，ねらいから外れたものだけになってしまう可能性もあるので，3〜5つは教師が作ってあらかじめシナリオに入れておきます。例えば，「どんなまちづくりを進めましたか。」「支倉常長を外国に送ったのはなぜですか。」などの質問です。信長であれば，「楽市・楽座を作ったのはなぜですか。」，秀吉であれば，「刀狩をしたのはなぜですか。」という感じです。

③　2，3人の組を作り，インタビュアー役と武将役を決めます。そしてインタビューの質問と答えを考えます。考える時はホワイトボードに書きだすと，共有しやすくなります。武将が答える時に，それらしい言葉遣いをするようにさせると，おもしろいです。「苦しゅうない。」「大儀である。」「ええい，うるさい！」とか，ですね。

④　その後，できたシナリオをもとに，ランダムに相手を見つけてヒーローインタビューを発表し合います。その際は，お互いの良さをコメントするようにします。

⑤　最後に，好評価だった組を推薦してもらいます。推薦された組の人たちには，全体の前で発表してもらいます。その際は，かぶとや眼帯，インタビュー用のマイクなども準備し，活用します。これだけでけっこう盛り上がります。

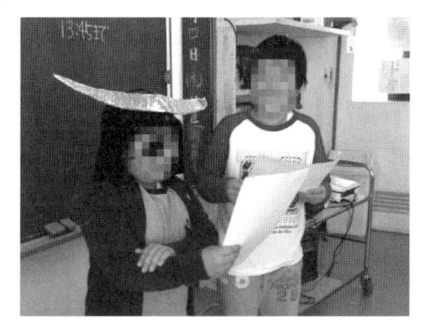

▶ここもポイント！

ここに挙げた例以外にも，歴史上の人物であれば応用が可能である。

〈参考〉『小学校社会 活用力を育てる授業』江間史明編（図書文化）の森山謙一氏（山形県公立小学校教諭）の実践「ヒーローインタビューバトル」

**6年** 信長・秀吉・家康の天下統一

# 11 「3人の武将で一番優れているのは？」

## こうして仕掛ける！

　教科書では，信長，秀吉，家康の3人の武将が天下統一をしていったことを取り扱っています。実に対照的な人生を歩んできた3人。とても魅力的です。「誰が一番すぐれた武将か？」ということを話し合うことで，戦国時代の武将は政治家としても優れていたこと，現代の政治家に通ずるものがあることに気づかせていきます。また，自分がなぜその人を選んだのか，理由を書いたり，話したりする力も育てていきます。

### 仕掛けるための準備・ツール
○　理由を書く短冊（A3版の紙を横長に切ったもの）

## こうして授業展開！

① まず，教科書や資料集を使って3人の武将について調べ，概略をつかみます。その際は，一人につきノート1ページ程度とします。
② 次に，『3人の中で誰が一番優れた武将だと思いますか？』と投げかけて，一人を選ぶようにさせます。
③ 自分が選んだ一人について詳しく調べて，なぜその人が一番優れた武将だと思うのか，レポートにまとめます。その際は書き方を指示しておきます。

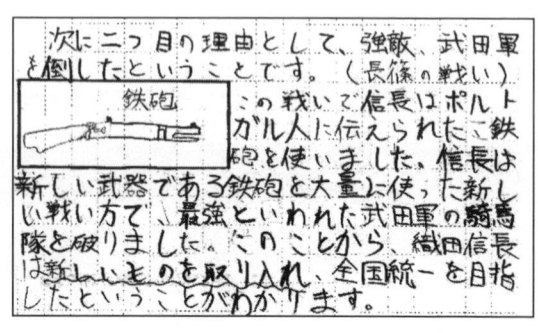

④ できあがったレポートは，机の上に置き，お互いのものを読み合いコメントをつけます。
⑤ 短冊に自分が選んだ理由を，1枚に一つ書き黒板に貼ります。

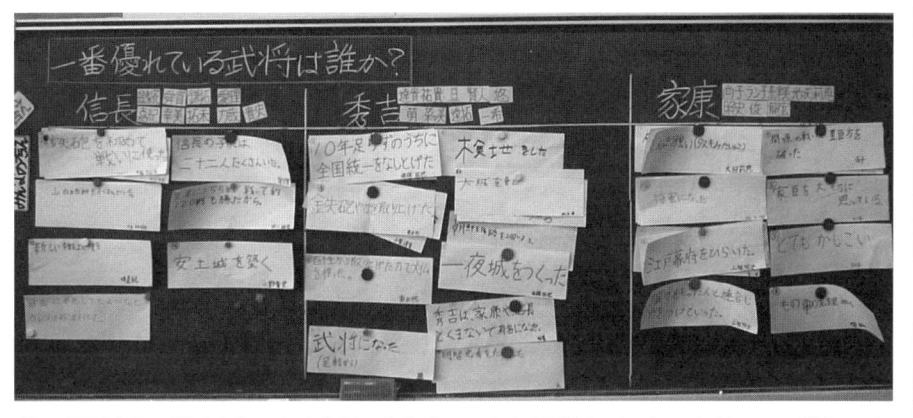

⑥ 信長派，秀吉派，家康派に分かれて席を移動します。名札のマグネットも黒板のそれぞれの場所に貼ります。
⑦ 自分の選んだ武将がいかに優れているのか，主張し，また，反論をします。話し合っているうちに，違う武将の方が優れていると思ったら，自分の名前の名札を移動します。
⑧ 「6年○組の意見」として多数決をとります。
⑨ 最後に優れた武将の条件を出し合い，現代の政治家と同じであることに気づかせます。

▶ここもポイント！
レポートを書かなくても実践できるが，書いた方が討論をやりやすくなる。

第2章 学年・単元別 楽しく学ぶための仕掛け術 107

## 6年 江戸幕府のしくみ

## 12 「大名行列クイズ」

### こうして仕掛ける！

　江戸時代に行われていた参勤交代。大名にとっては大変な負担でした。ですから，できるだけ費用が掛からないように工夫していました。そこにおもしろみがあります。それをクイズにすることで興味関心をもたせます。

**仕掛けるための準備・ツール**

○　特になし

### こうして授業展開！

① まず，参勤交代について概略を学習します。
② 大名行列にはさまざまなおもしろい事柄があることを知らせ，クイズを出していきます。以下，そのクイズと答えです。

　１　参勤交代はいつしてもよかったか？
　　ア　藩の都合のよいときに行ってよかった。
　　イ　外様は４月というように幕府が時期を決めていた。
　　ウ　農民が土下座をするのに困らないように，農繁期以外の12〜1月だった。
　（答え：イ　一度にたくさんの大名が来ないように時期を調整した。）

　２　大名行列の途中でトイレに行きたくなったらどうするのか？
　　ア　がまんした。
　　イ　途中の農家でトイレを借りた。
　　ウ　トイレ用の駕籠に移って用を足した。
　（答え：ウ　厠駕籠と呼ばれていた。）

3 大名行列の費用を削減するために何をした？
ア 食事の回数を減らした。
イ 江戸の滞在日数を減らした。
ウ 持ち物や行列の家来をレンタルした。
（答え：ウ　江戸の近くになってから人数を増やす場合もあった。）

4 農民や町人はいつも行列に土下座をするの？
ア 急いでいるときはしなくてもよかった。
イ 親藩大名にだけ土下座した。
ウ 大名行列には全部土下座をさせられていた。
（答え：イ　親藩大名以外は土下座をする必要はなかった。）

5 大名行列を横切ってもよかった人は？
ア 子ども
イ 飛脚（当時の郵便屋さん）
ウ 産婆さん（赤ちゃんを取り上げる人）
（答え：ウ　産婆さん。江戸時代も人命は大事にしていた。）

6 大名行列は何時ごろ出発した？
ア 午前4時（当時の旅人はこの時間が通例。「七つ立ち」という。）
イ 午前6時ぐらい
ウ 大名なので朝はゆっくり午前9時ぐらい
（答え：ア　一日にできるだけ多く進むように早く出発していた。宿に入るのが午後8時ごろだったからかなりの強行軍だった。）

この他にもまだまだあります。調べてみるとおもしろいですよ。

### ここもポイント！

グループで相談させると盛り上がる。

〈参考〉『社会科授業に使える面白クイズ』有田和正（明治図書）

## 6年 江戸時代の身分制度
## 13 「本当はこわいずいずいずっころばし」

### こうして仕掛ける！

　昔から歌い継がれてきた「ずいずいずっころばし」。実は江戸時代の身分制度を如実に表している歌なのです。その歌の意味を知ることで，当時の身分の違いを感じることができます。

**仕掛けるための準備・ツール**
○　特になし

### こうして授業展開！

① まず，「ずいずいずっころばし」の歌詞を黒板に書きます。（スライドで歌詞と現代文が出るようにしておいてもいいです。）
② 歌詞の意味を聞いていきます。発問する→予想する→答えを見せる，の順番に行います。
③ 「ずいずいずっころばし，ごまみそずい」は置いといて，「茶壺に追われて」はお茶壺道中が来てそれに追われているということです。「茶壺」とは将軍が飲む新茶が入った壺のことで，それを運ぶのに大名行列並みの行列を組むのです。お茶ですよ，お茶。たかがお茶にそこまでするのです。しかも大名行列並みだから一般人は行列が通り過ぎるのを邪魔してはいけないのです。
　「とっぴんしゃん」とは，家の中に入って戸をぴしゃんと閉めるということです。
　「ぬけたらどんどこしょ」は，行列が通り過ぎたらどんどこしょと喜びましょうということです。

> ずいずいずっころばし　ごまみそずい
> 茶つぼに追われて　とっぴんしゃん
> （将軍が飲むお茶を運ぶ行列）（戸をぴしゃんと閉める）
> 抜けたら　どんどんこしょ
> （行列が）　　　　　（と、よろこびましょう。）
> たわらのねずみが　米食ってチュウ
> チュウ　チュウ　チュウ
> 　　　　　　　　（と、鳴いていても）
> おっとさんが呼んでも　おっかさんが呼んでも
> 行きっこなしよ
> （決して行ってはいけませんよ）
> 井戸のまわりで　お茶わんかいたのだあれ

　「俵のネズミが米喰ってチュウ」「おっとさんが呼んでもおっかさんが呼んでも行きっこなしよ。」は，大事な米がネズミに食われても，お父さんが呼んでもお母さんが呼んでも，決して行列の方へ行ってはいけませんよ，ということです。

　つまり，この歌は「お茶壺道中を邪魔してはいけない」ということを子どもに教えている歌だったのです。だって行列を邪魔すれば，武士に処分されるからです。

④　途中で，お茶壺道中を現代によみがえらせた行事の写真があるので，それを見せます。

（写真提供：山梨県都留市）

⑤　将軍のお茶の方が民衆よりも大事，という身分制度があった時代であったことをまとめます。

### ここもポイント！

有田和正氏のネタを参考に写真を付加している。

第2章　学年・単元別 楽しく学ぶための仕掛け術　111

**6年** 江戸時代の文化

## 14 「一人選んでまとめよう」

### こうして仕掛ける！

　教科書では，江戸時代の文化をつくった人として，伊能忠敬，近松門左衛門，杉田玄白，歌川広重，本居宣長らが取り上げられています。この中から一人選び，調べて屋台方式で発表します。自分の興味に合わせて選べること，他の子の発表を聞いて知ること，の二つがポイントです。

**仕掛けるための準備・ツール**
○ 特になし

### こうして授業展開！

① まず，教科書や資料集を使って江戸時代の文化を作った人について一人につきノート半ページ程度調べ，概略をつかみます。
② 次に，その中から，自分が一番興味をもった人物を一人選び，ノート見開き2ページにまとめます。あとで，これを見せながら発表する都合上，多すぎず少なすぎず，2ページぴったりにまとめるようにさせます。書くときは，イラストを入れたり，色

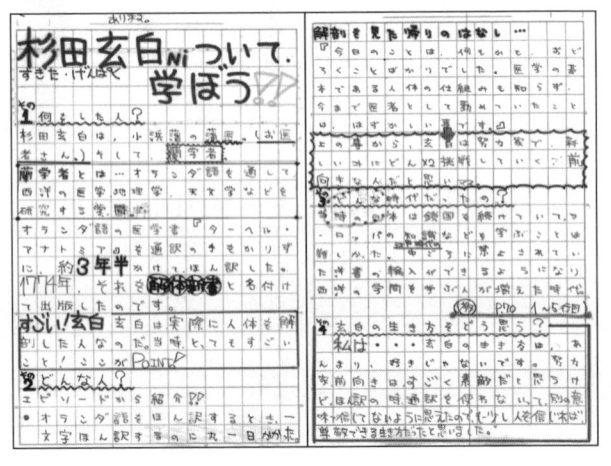

ペンを使ったりして見やすくするように助言しておきます。

③　次は、発表です。屋台方式で発表します。教室の机を合わせて、6グループ程度作ります。その一つ一つに発表者が位置します。そして、まとめたノートや教科書、資料集を見せながら、選んだ人物について発表します。他の子は思い思いに発表を見て回ります。発表者は、聞く人が入れ替わるたびに、最初から発表を繰り返します。決められた時間になったら発表を終了し、次のメンバーが発表します。これを繰り返していきます。

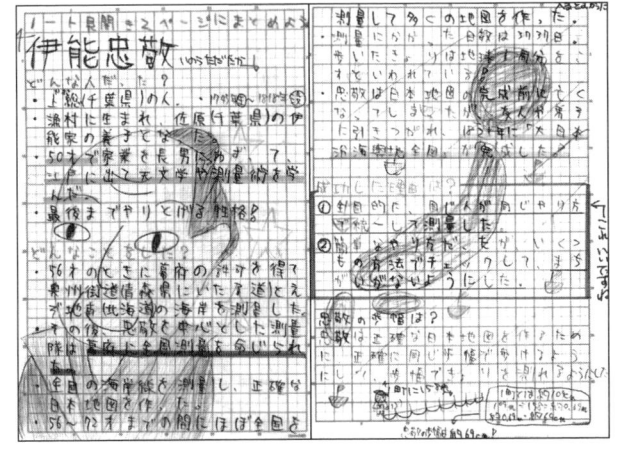

④　違う人物を調べた子からは新しい知識を得られ、また、同じ人物を調べた子からは自分とは違った内容を知ることができます。屋台式の発表によって緊張感も少なく、発表に集中できます。

> ここもポイント！

　クラスの人数によって発表時間は調整が必要だが、1回の発表時間は10分以上とった方がよい。

**6年** 黒船来航から明治維新

## 15 「鎖国をしない方がよかったのか？」

### こうして仕掛ける！

　歴史の「if」を考えることで，考える力を育てます。明治維新になり，文明開化や富国強兵と日本は短期間で欧米列強の仲間入りをしようとします。こんなに短い期間で発展させようとするんだったら，鎖国しなかった方が欧米から取り残されることはなかったのでは？という発想から，学習問題について考えます。

**仕掛けるための準備・ツール**
○　特になし

### こうして授業展開！

① まず，明治時代に政治の改革がなされ，さらに欧米に肩を並べようと文明開化や富国強兵を行ったことを学びます。
② 次に，『この時期に急いで国を西洋化，近代化させようとするんだったら，鎖国をしないで他の国と貿易したり，文化を取り入れたりした方がよかったんじゃない？』と投げかけ，この問題について考えることを伝えます。ここで学習問題『鎖国をしなかった方がよかったのではないか？』を提示します。
③ 自分の考えを書かせる前に，考える要素を整理します。
　○　日本は鎖国を約200年続けた。
　○　江戸時代は大きな争いもなく，徳川家の支配が続いた。
　○　江戸時代は町人の文化が花開いた。
　○　ペリーが開国を迫ってきたときに，幕府は武力でかなわなかった。

○ 幕末・維新の頃は外国の考え・モノを取り入れて大きな変化があった。
○ 文明開化で外国のものがどっと入ってきて一気に西洋化が進んだ。

④ このことについて自分の考えを書きます。

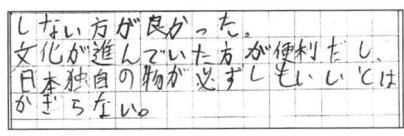

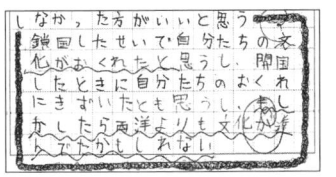

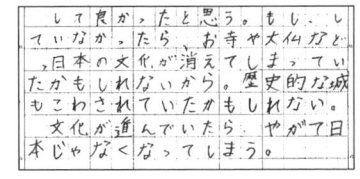

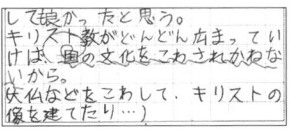

> しない方が良かった。
> 文化が進んでいた方が便利だし、
> 日本独自の物が必ずしもいいとは
> かぎらない。

> して良かったと思う。もし、
> していなかったら、お寺や大仏など
> の日本の文化が消えてしまってい
> たかもしれないから。歴史的な減
> もこわされていたかもしれない。
> 文化が進んでいたら、やがて日
> 本じゃなくなってしまう。

> しなかった方がいいと思う。
> 鎖国したせいで自分たちの文
> 化がおくれたと思うし、開国
> したときに自分たちのおくれ
> にきずいたとも思うし、もし
> かしたら西洋よりも文化が進
> んでいたかもしれない。

> して良かったと思う。
> キリスト教がどんどん広まってい
> けば、国の文化をこわされかねな
> いから。
> 大仏などをこわして、キリストの
> 像を建てたり…）

自分の考えは紙に書いて黒板に貼り可視化します。討論をわかりやすくするためです。「迷っている」という立場も尊重し，真ん中に貼らせます。そして，これをもとに討論します。

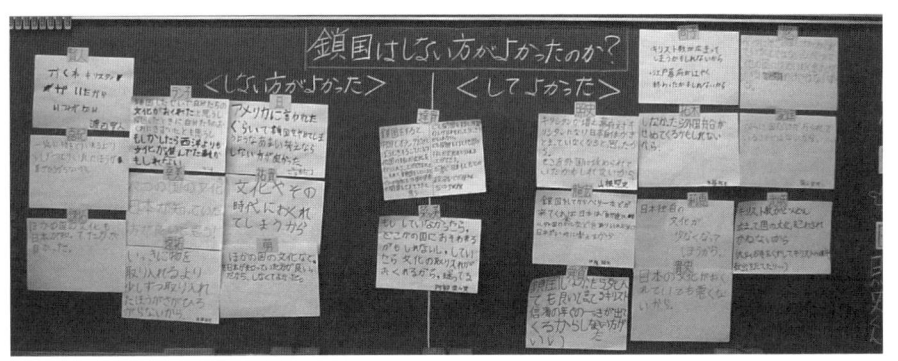

⑤ この話し合いから導き出されるものは，日本独自のものを守っていくのか，どんどん外国のものを取り入れたほうがいいのかは，現在の外国との関係にも似ているということです。特に，自由貿易か，保護貿易かといった問題と重なるものが見えました。

**ここもポイント！**

全体での討論の前に，ペアや少人数での話し合いを入れるとよい。

**6年** 日清・日露戦争

## 16 「二つの戦争は日本にとってよかったのか？」

### こうして仕掛ける！

歴史の出来事の是非を考える学習です。ディベートの論題にもなるものです。これで考える力を育てます。戦争はもちろんよくないことですが，それに至った経緯や理由を考えないことには，今でも各地で戦争が起きているわけを知ることはできません。戦争をせざるを得なかった当時の国の状況を知ることで，アレルギー的に戦争に反対するだけでなく，一段上の思考レベルに引き上げます。

**仕掛けるための準備・ツール**

○ 特になし

### こうして授業展開！

① まず，日清・日露戦争の概略を学びます。
② 次に，『戦争に勝ったことで，日本の世界的な立場は向上しましたが，多数の犠牲者も出しました。この二つの戦争は日本にとってよかったのでしょうか？』と投げかけ，この問題について考えることを伝えます。ここで学習問題『日清・日露戦争を行ったことは日本にとってよかったのか？』を提示します。
③ 自分の考えを書かせる前に，考える要素を整理します。
   ○ 日清戦争では日本が勝利し，多くの賠償金と台湾・リャオトン半島などの領土を得た。
   ○ 日露戦争では日本が勝利し，中国の一部の租借権や満鉄の権利などを得た。

- ○ 当時は欧米の植民地獲得競走が激化し中国進出が盛んだった。
- ○ 日露戦争では多くの死者を出して，国内では反戦を呼びかける人もいた。
- ○ 戦争のための費用がたくさんかかった。

④ このことについて自分の考えを書きます。

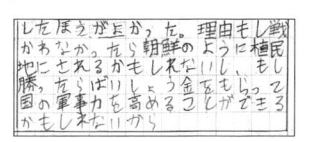

> したほうが良かった。理由もし戦かわなかったら朝鮮のように植民地にされるかもしれないし、もし勝ったらばいしょう金をもらって国の軍事力を高めることができるかもしれないから。

> ・よくないと思う
> ・戦争を行なうことは殺人をやれと言っているようなもの
> ・戦争に勝って朝鮮を領土にしても国民のなかには不満があったはず。それに勝っても負けても多くの死者を出すことになったのだから、やはり行わないほうがいい

> 行っていた方が良かった。理由は日本もだまっているだけではだめだから、日本を守るために戦わなければいけないから。

> ぜったいよくない
> 反対
> 人はふつうに生きていく権利があるけど戦争をしたらそのふつうの人の未来をそんなしんりゃくのためにうばうなんてゆるせない

> 戦争したことによって朝鮮の人たちが日本と中が悪くなったからしない方が良かった。
> でも、領土やばいしょう金などをもらって戦争がゆうりになるからやってもよかったと思う

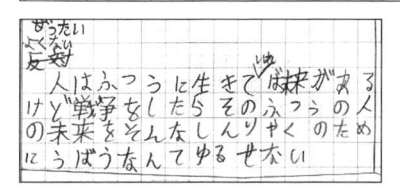

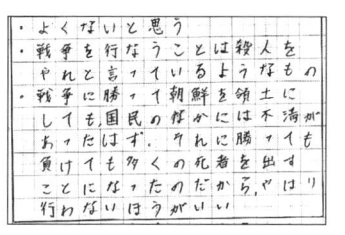

⑤ 自分の考えは紙に書いて黒板に貼り可視化します。討論をわかりやすくするためです。「迷っている」という立場も尊重し，真ん中に貼らせます。そして，これをもとに討論します。

⑥ 「よかった派」からの意見で多いのは，「やらなかったら，日本が植民地にされていたかもしれない。」「戦争がいいと言っているのではなくて，日本を守るためだったら（戦争も）仕方ないと思う。」というものです。ここに，戦争を肯定する論理が隠れているのです。ここにふれて，『今，世界各地で争いが起きているけど，みんな戦争が好きでやっているわけではないんだね。"やってよかった"派の人たちが言っていたように，自分の国のために，って考えて（戦争を）するんだよね。国のことは考えても国民のことは考えていない，とも言えるかもしれません。』と最後に話します。

**ここもポイント！**

全体での討論の前に，ペアや少人数での話し合いを入れるとよい。

6年　第二次世界大戦

## 17　「焼き場に立つ少年」

### こうして仕掛ける！

　第二次世界大戦の導入で行います。「焼き場に立つ少年」という写真があります。終戦直後の長崎でアメリカの従軍カメラマンが撮影した一枚の写真です。この写真の読み取りから，学習問題を引き出していきます。

**仕掛けるための準備・ツール**
○　写真「焼き場に立つ少年」
○　従軍カメラマンの手記

### こうして授業展開！

①　まず，写真を見せます。
　『日本とアメリカや中国が戦争をしていたのは知っていますか？この写真は，その戦争が終わった直後，長崎で撮られた写真です。撮ったのはアメリカ軍のカメラマンであるジョー・オダネルという人です。』
②　写真の読み取り方を説明します。『この写真には，少年が小さい子を背負って立っている姿が映っていますね。この写真から，わかることを読み取っていきます。例えば，この少年は裸足ですね。このことからどんなことが考えられますか？』「急いで逃げてきたのかもしれない。」「戦争で靴をなくしたのかもしれない。」『そうですね。そ

118

のように，写真からわかること，そこから考えられることをノートに書いていきましょう。』
③ 各自，読み取ったことを書きます。

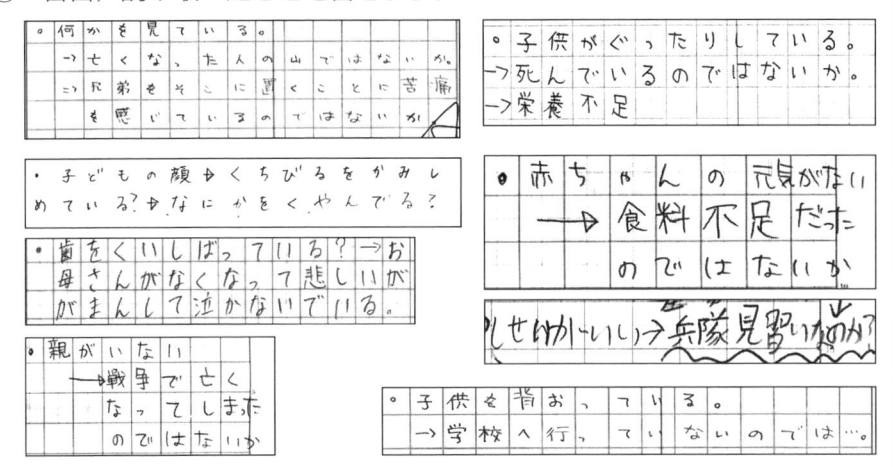

> ・何かを見ている。
> →なくなった人の山ではないが、兄弟をそこに置くことに苦痛を感じているのではないか

> ・子どもの顔やくちびるをかみしめている？なにかをくやんでる？

> ・歯をくいしばっている？→お母さんがなくなって悲しいががまんして泣かないでいる。

> ・親がいない
> →戦争でなくなってしまったのではないか

> ・子供がぐったりしている。
> →死んでいるのではないか。
> →栄養不足

> ・赤ちゃんの元気がない
> →食料不足だったのではないか

> しせいがいい→兵隊見習い姿勢が？

> ・子供を背おっている。
> →学校へ行っていないのでは…。

④ 意見を出させながら，見方を考えて欲しいところは掘り下げていき，学習問題を作っていきます。『子どもだけでいるのはなぜかな？』「両親が死んだから。」「きっと父親は戦争に行った。」『母親も死んだってことは，日本の国土で戦争があったってこと？』「うん，空襲とかで（…この子は映画で空襲を知っていた）。」『ということは，どんな戦争だったのかな？』と板書します。

　『姿勢がいいのはどうして？』「目の前に死んだ人がいるから。」「兵隊の見習いなんじゃないかな。」「この当時は，こういうふうに教育されていた。」『この当時はどういう教育をされていたのかな？』と同じく板書。

　『子どもがぐったりしているけど…。』「栄養失調だった。」「この時代は食料不足だった。」「ひょっとして，子どもは死んでいる？」『食料がなかったの？どうして？』「戦争に全部持っていった。」「戦争で作っているひまがなかった。」『じゃあ，これも？この当時の人々はどんな生活をしていたのかな？』と板書。

　『少年は何を見ているのかな？』「戦争で燃えた町」「燃えている自分の

第2章　学年・単元別 楽しく学ぶための仕掛け術　119

家」「何か途方に暮れているんだと思う。」「亡くなった人の山で，そこに弟を置くのをためらっている。」

⑤　さて，少年が見ていたものが話題になったところで，この写真を撮った，ジョー・オダネル氏の手記を読み上げます。

◇◇◇◇◇◇◇◇◇◇◇◇◇◇◇◇◇◇◇◇◇◇◇◇◇◇◇◇◇◇◇◇◇

　長崎ではまだ次から次へと死体を運ぶ荷車が焼き場に向かっていた。死体が荷車に無造作にほうり上げられ，側面から腕や足がだらりとぶら下がっている光景に私はたびたびぶつかった。人々の表情は暗い。

　焼き場となっている川岸には，浅い穴が掘られ，水がひたひたと寄せており，灰や木片や石灰が散らばっている。燃え残りの木片は風を受けると赤々と輝き，あたりにはまだぬくもりがただよう。白いマスクをつけた係員は荷車から手と足をつかんで遺体を下ろすと，そのまま勢いをつけて火の中に投げ入れた。はげしく炎を上げて燃え尽きる。それでお終いだ。

（中略）

　焼き場に10歳ぐらいの少年がやってきた。小さな体はやせ細り，ぼろぼろの服を着てはだしだった。少年の背中には二歳にもならない幼い男の子がくくりつけられていた。その子はまるで眠っているようで見たところ体のどこにも火傷の跡は見当たらない。

　少年は焼き場のふちまで進むとそこで立ち止まる。わき上がる熱風にも動じない。係員は背中の幼児を下ろし，足元の燃えさかる火の上に乗せた。まもなく脂の焼ける音がジュウと私の耳にも届く。炎は勢いよく燃え上がり，立ち尽くす少年の顔を赤く染めた。気落ちしたかのように背が丸くなった少年はまたすぐに背筋を伸ばす。私は彼から目をそらすことができなかった。少年は気を付けの姿勢で，じっと前を見続けた。一度も焼かれる弟に目を落とすことはない。軍人も顔負けの見事な直立不動の姿勢で彼は弟を見送ったのだ。

　私はカメラのファインダーを通して，涙も出ないほどの悲しみに打ちひしがれた顔を見守った。私は彼の肩を抱いてやりたかった。しかし，声を

かけることもできないまま,ただもう一度シャッターを切った。急に彼は回れ右をすると,背筋をぴんと張り,まっすぐ前を見て歩み去った。一度もうしろを振り向かないまま。

(『トランクの中の日本』(ジョー・オダネル,1995年・小学館)より抜粋)

◇◇◇◇◇◇◇◇◇◇◇◇◇◇◇◇◇◇◇◇◇◇◇◇◇◇◇◇◇◇◇◇◇◇◇

⑥ この記事を読み上げると,クラス全員が何とも言えない苦痛の表情を浮かべていました。『そうなのです。この少年は,死んだ弟を埋葬しにここにやってきたのです。悲しみをこらえ歯を食いしばり直立不動でいたのは,これまで受けてきた教育からなのでしょう。じっと見つめる少年はいったい何を考えていたのでしょうか…。』

⑦ 最後に感想を書きます。

| 焼き場に立つ少年の話を聞いた感想 |
|---|
| 私が,もしこの少年の立場だったら,絶対5分・10分・1分も立っていられないほど泣いていたと思います。7才くらいの少年は,きっと,口びるをかんでいて血だらけだったというところは,何をそれほど考えていたんだろうと思いました。 涙もこぼさずに,ずっと気をつけのまま何を考えていたのでしょう。 |

| 「焼き場に立つ少年」の話を聞いた感想 |
|---|
| 自分がその場の少年だったら…と思うとかわいそうでなりません。どうしてこんなひどいことが起きたのか,当時自らの欲望だけに戦争を決めたやつに,とても腹が立ちます。ただ戦争は人を苦しませるものが多いだけで,得るものはないのだと痛感しました。 そうですね。一部の権力者によって大勢の人が苦しむことになってしまうのですね。 |

⑧ 設定した学習問題を次回から追究していきます。

> **ここもポイント!**

ジョー・オダネル氏の情報を詳しく提供することも効果的。なお,氏のインタビューは,『解かされた封印~米軍カメラマンが見たNAGASAKI』(NHKスペシャル)にて放送された。

## 6年 民主的国家としての再出発

## 18 「オリンピックの写真から」

### こうして仕掛ける！

終戦後の日本の導入で行います。同じ場所（国立競技場）で撮られた「学徒出陣」「東京オリンピック開会式」の2枚の写真を比較した読み取りから，終戦後にどんなことがあったのかを考えていきます。

**仕掛けるための準備・ツール**
○　写真「学徒出陣」「東京オリンピック開会式」

### こうして授業展開！

①　まず，写真を見せます。（黒板に掲示，またはプロジェクター，電子黒板等で映します。子どもたちにも同じ写真を配布します。）

『左側の写真は，1943年に学生が戦争に参加することになった時の式典の様子です。右の写真は，1964年の東京オリンピックの開会式の様子です。どちらも同じ場所で撮られたものです。』

②　写真の読み取り方を説明します。『この2枚を比べると，いろいろなところが違うのがわかりますね。この写真からわかること，そこから考えられることをノートに書いていきます。』『例えば，大きく違うことは何です

122

か。』「白黒写真から，カラー写真になった。」『そうですね。ということは，そこから何が考えられますか。』「技術が進歩した。」『そうですね。そのようにしてノートに書いていきます。』と説明します。

③ 各自，読み取ったことを書きます。

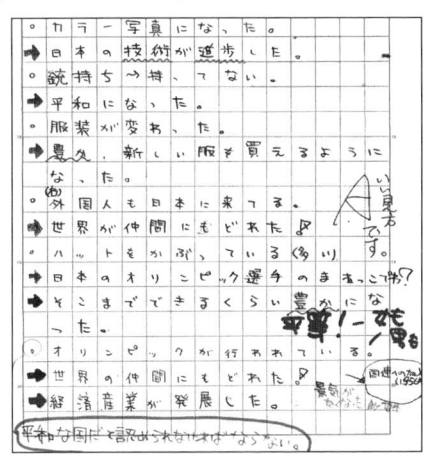

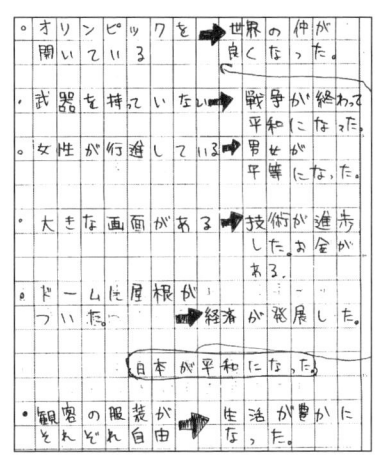

④ 意見を出させながら，見方を考えて欲しいところは掘り下げていき，学習問題を作っていきます。「他の国の人たちがいる。」『ということは？』「世界の国と仲直りした。」『そうですね。ということは，この20年の間に，仲直りできるだけの何か出来事があったということですね。どんなことがあったのでしょうね？』という具合です。

⑤ このようにして，2枚の写真の変化が20年の間に行われたことに気づかせ，戦後の日本の復興に関心をもたせるようにさせます。

### ここもポイント！

オリンピックを開催した国を調べてみると，平和で経済も発展した国だけが開催していることがわかる。日本はアジアで初めて開催したことにふれると，日本の戦後復興の速さがわかる。

6年　日本の政治

# 19 「国会へ行こう！」

## こうして仕掛ける！

　6年生の社会も歴史が終わって公民的な分野に入ると，途端に意欲をなくしてしまう子がいます。そうしたことを防ぐために，ここではシミュレーションを使って学習します。実際に国会議員になったつもりで進めることで，子どもたちの意欲を高めます。

### 仕掛けるための準備・ツール
○　特になし

## こうして授業展開！

①　まず，国会は法律を作るところだということを教えます。続いて，『さて，みんなはどういう法律を作ってほしいですか？』と，投げかけます。ある子どもは，「消費税をなくしてほしい。」と言いました。『なるほど。では，それを実現するにはどうしたらいいでしょうね。法律のもととなるものを法案と言いますが，その法案は誰でも出せるわけではありません。決まっているのです。』ここで，調べさせます。すると，内閣と国会議員が出せるということがわかります。

②　ここからがシミュレーションです。『では，ここからみんなは国会議員です。国会で法案を通してください。』選挙で当選した，というところからスタートです。まず，衆議院と参議院があることとその違いについて調べます。そして，衆議院と参議院の

人数の比率に合わせてクラスを分けます。次は首相を選びます。立候補させて実際に投票します。過半数を得た子が首相になります。首相になった子は組閣に取り組みます。大臣を指名していきます。『文部科学大臣は？』「じゃあ，勉強ができる○○○君。」ここで，『大臣は国会議員じゃなくてもいいんだよ。』と教えます。すると，ある子は「厚生大臣は保健室の○○○先生。」と指名しました。こうして内閣が生まれます。

③ さあ，いよいよ審議です。法案について軽く話し合った後，決議です。ここでも過半数の賛成で法案が通過することを教えます。衆議院を通過したところで，参議院の人たちには否決してもらいます。そうすることで，再度衆議院で話し合って決める，という審議の流れを教えます。

④ 法案は成立しましたが，強引なやり方に対し，内閣不信任案が出され可決してしまいます。『さあ，首相，どうする？内閣が全員やめるか，衆議院を解散するか，どちらかだよ。』たいていの子は「じゃ，解散します！」と言います。さあ，また選挙です。

⑤ 続いて，選挙について学習します。「国会へ行こう！パート2　選挙編」です。『選挙で当選するために何をしますか？』と投げかけ，考えさせます。子どもたちは自分なりに考えますが，選挙違反になっているものもあります。そこで，公職選挙法で禁じられていることを教えます。すると，かなり細かく決まっていることを知ります。なぜ，細かいのか？それは公平な選挙をするためなのです。

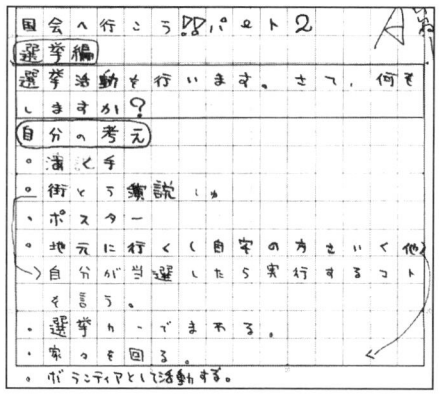

**ここもポイント！**

誰に投票するかを決めるには「何で判断するか」ということにつなげるとよい。

**6年** 日本の政治

# 20 「もし，税金がなかったら」

## こうして仕掛ける！

　前項の国会の学習とは，また違った意味でのシミュレーションです。税金の役割について学習した後，「もし税金がなかったら，生活はどう変わるか？」を考えることで，税金の大切さに気づかせていきます。

**仕掛けるための準備・ツール**
○　特になし

## こうして授業展開！

① 　まず，どんな税金があるのか，知っているものを出させます。真っ先に上がるのは消費税。でも，他にもあることを知っている子はけっこういます。ここでは，いろいろな税金があるのだということを押さえます。

② 　次に，税金は何に使われているのかを考え，調べます。教科書や学校の備品を挙げる子が多いです。他には，道路や公共施設，予防接種などを挙げる子もいます。自分の考えを書いた後，他の子と見せ合い，ノートにメモしていきます。教科書や資料集で調べると，ごみ処理の費用，消防関係，警察関係と４年生で学んだものが多いことがわかります。ここでは，生活を支えることに税金が使われていることを押さえます。

③ 　『もし税金がなかったら生活はどう変わるだろう？』ということを考えます。「給料が高くなる。」「消費税を払わなくていい。」といった手持ちのお金が減らないということをあげる一方で，「学校に行くのにお金がかかる。」「教科書を買わなくてはならない。」「救急車にもお金を払わなくてはならない。」という負担が増える面を挙げる子も多いです。

④ 続いて，もし税金がなかったらどうなるか，ということを題材にしたアニメのVTRを見ます。（国税庁HPの「税の学習コーナー」にあります。6年生なので，中学生向けのものがよいでしょう。）見た後に感想を話し合います。子どもたちは，口々に「税金がないと生活が大変なことになる。」と言います。

⑤ 最後に，税の勉強を振り返って感想を書きます。子どもたちは，お金を払うのは嫌だけど，税金がないともっと困ることを挙げています。中には，「9年間の教育に約700万円もかかるので，むだにしないように勉強します。」と殊勝なことを書く子まで出てきます。

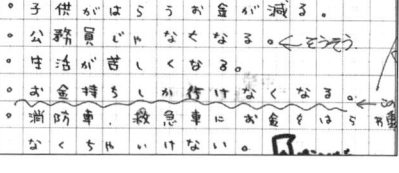

### ここもポイント！

① 税金がない国もあるが，それは国自体の収入がある場合で，その場合も社会保障はあることを補足する。
② 国税庁の「税の学習コーナー」には，上記のアニメだけでなく，解説やゲーム，クイズなどがある。
https://www.nta.go.jp/shiraberu/ippanjoho/gakushu/

6年 基本的な人権の尊重

## 21 「もし，基本的人権の○○○がなかったら」

### こうして仕掛ける！

　前項の税金の学習と同様なシミュレーションです。基本的な人権の概略について学習した後，「もし，基本的人権の○○○がなかったら，生活はどう変わるか？」ということを考えることで，基本的な人権の尊重を定めている憲法の大切さに気づかせていきます。

**仕掛けるための準備・ツール**
○　特になし

### こうして授業展開！

① まず，日本国憲法で基本的人権が尊重されていることを教えます。とはいえ，基本的人権がどんなものなのか子どもたちはピンとこないですから，どんな権利があるのか，教科書や資料集を使って調べるように指示します。

② 一つ一つについて，子どもとやりとりをしながら説明します。『教育を受ける権利はどんなことかわかりますか？』「誰でも学校に行けること？」『例えば，誰でも小中学校で学ぶことができます。義務教育と言います。ですから，教科書も無料なのです。高校は義務教育ではありませんから誰でも行けるわけで

|基本的人権の尊重|
|---|
|・思想や学問の自由|
|・働く人が団結する権利|
|・個人の尊重，男女の平等|
|・教育を受ける権利|
|・政治に参加する権利（参政権）|
|・言論や集会の自由|
|・裁判を受ける権利|
|・仕事について働く権利|
|・居住や移転，職業を選ぶ自由|
|・健康で文化的な生活を営む権利（生存権）|

はありません。』というように，例を挙げながら説明していきます。
③　次に『もし基本的人権のうちのどれかがなかったら生活はどう変わるだろう？』ということを考えます。いくつかある中から，自分で一つ選んで考えるようにさせます。

④　「こうなると，こうなる。」というふうにつなげていくと，結果的に今とは違った生活になることに気づいていきます。例えば，教育を受ける権利では受けられる人と受けられない人とで大きな差が生まれることを挙げています。このように憲法で保障されている権利を守っていくことの大切さをまとめます。

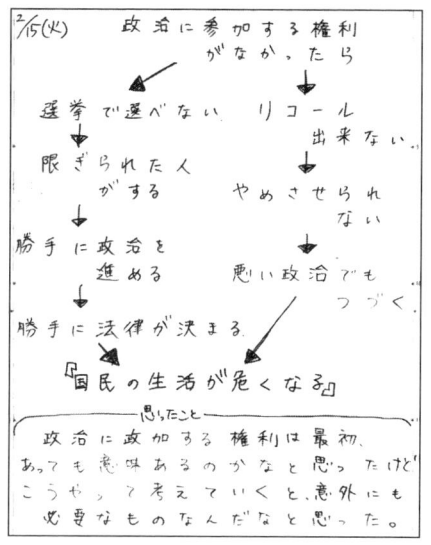

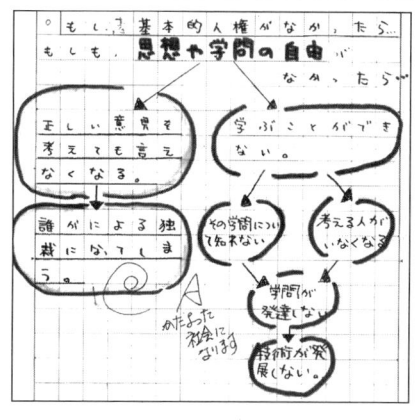

▶ここもポイント！
「教育を受ける権利」「政治に参加する権利」が考えやすいので，この二つから選ばせてもよい。

第2章　学年・単元別 楽しく学ぶための仕掛け術　129

6年 平和主義・国際貢献

## 22 「第二次大戦以降戦争をしていない国は？」

### こうして仕掛ける！

　有田和正先生の有名なネタの追試です。今でも世界各地で戦争や紛争が起きています。第二次世界大戦以降，一度も戦争をしていない国はわずかに6か国（2006年当時）です。その少なさに子どもたちは驚きます。その中に日本も含まれていること，その理由として憲法で戦争放棄を掲げていることを理解させ，平和を守ることの大切さに気づかせていきます。

**仕掛けるための準備・ツール**
○　特になし

### こうして授業展開！

① まず，今年で戦後○○年であることを教えます。（授業をした年に合わせてください。）

② 『日本は第二次世界大戦に参加しました。世界大戦というだけあって，この時はほとんどの国が参加しました。参加しなかった国は5か国。スウェーデン，アイルランド，スイス，スペイン，ポルトガルです。参戦国は約60か国です。』と，大戦時の参加国数を教えます。

③ 『戦後，どれぐらいの戦争や紛争，内乱があったと思いますか？』「10か

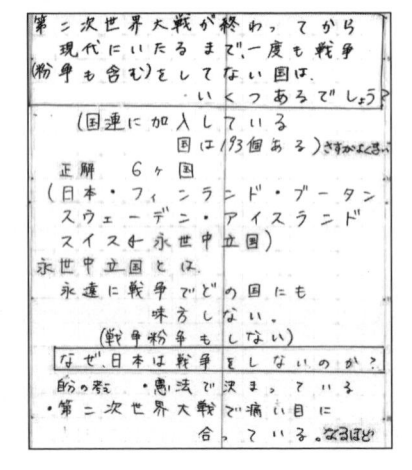

な。」「30ぐらい。」『実は300回以上，戦争や紛争，内乱がありました。』こう言うと，子どもたちはそんなに多いのかと驚きます。

④　ここで，本題に入ります。『現在国連に加盟している193か国（2010年現在）のうち，戦後，戦争に一度も参加していない国はいくつあるでしょう？』と問い，予想させます。子どもたちは「100か国」「50か国」と，二桁の国数を答えますが，正解は6か国。日本，スイス，アイスランド，スウェーデン，フィンランド，ブータンです（※ノルウェーも含めて7か国とする見解もある）。その少なさに，子どもたちは驚きます。

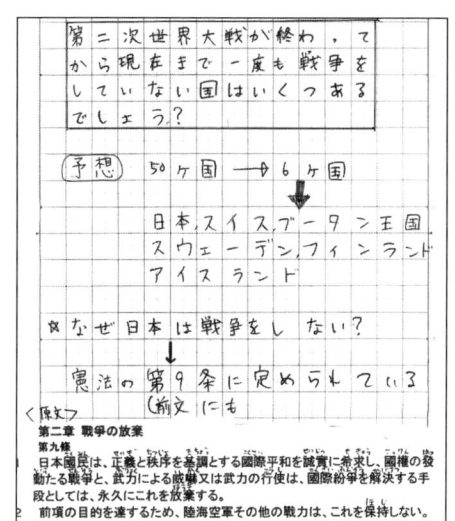

⑤　『日本はなぜ戦争をしないのかわかりますか？』「憲法に決められているから。」と，多くの子どもが答えます。そこで，憲法の9条，前文を読みます。そこには，戦争を行わないことが明記されています。『だから，憲法を守っていくことは，平和を守っていくことにつながるんですね。』と締めくくります。

ここもポイント！

①　直接戦闘を行っていなくても，支援していれば戦争に参加したことになるのではないか，という見方があることも教える。
②　集団的自衛権については，政治的にどちらかの見方に立って教えないように留意する。

**6年** 平和主義・国際貢献

## 23 「日本の地雷撤去の活動」

### こうして仕掛ける！

地雷の問題を取り上げ，その撤去で貢献している日本の一般財団法人や企業の働きを紹介します。

**仕掛けるための準備・ツール**

○ 地雷の写真，地雷を撤去している写真
○ 地雷撤去に貢献している日本の一般財団法人のホームページ
○ 地雷撤去に貢献している日本の企業の動画

### こうして授業展開！

① 初めに上記のような写真を見せて『さて，何をしているところでしょう。見えるもの，気がついたことから，考えられることを書きましょう。』と，問いかけます。すると「機械のようなもの→何かを測っている。」「パソコンのようなもの→図ったものを見ている。」「帽子や肩にマーク→どこかの

ボランティア団体」「何かを探している→地雷？」ということを考えます。

② 『実はこれを探しているのです。』とAの写真を見せます。子どもたちは「？」と、まだ何か気づきません。いくつかの形の違う地雷を見せた後、最後にBの写真を見せます。すると、「あ、地雷だ！」と気づきます。『そうです。これは地雷です。地雷を知っていますか？戦争で、敵がこれを踏んだ時に爆発するのです。小さいものだと、手や足が吹き飛びます。大きいものだと戦車が吹き飛びます。写真の人たちは地雷があると危ないのでこれを探して撤去していたのです。』

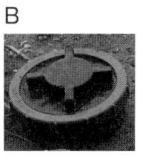

③ 『カンボジアという国では、昔、国の中で二つに分かれて戦争をしていた時期がありました。この時にたくさんの地雷が埋められました。カンボジアだけで約600万個埋められています。同じように地雷が埋められている国があり、世界中で約1億1千万個あると言われています。これまで地雷で多くの人が被害にあいました。毎日20分に一人が被害にあっている、とも言われています。』こう言うと、子どもたちはそんなに多いのかと驚きます。

④ ここで、地雷の被害にあった子どもの事例を紹介します。どれも、遊んでいたり、仕事の手伝いをしていたりする最中に地雷の被害にあっています。中には、わざわざ地雷原（地雷が撒かれているところ）だという看板があるにもかかわらず字が読めない（学校に行けない）ためにそこに足を踏み入れてしまったという悲劇もあります。

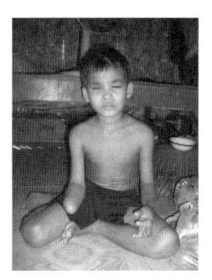

モア・ラタナック君 10歳

川沿いで遊んでいる最中に手に持っていた不発弾が爆発。右手首より先、左手中指・薬指を切断。右目は失明し、左目もほとんど見えない。

（写真提供（上記、地雷写真も）：㈶カンボジア地雷撤去キャンペーン（CMC））

⑤ 1996年当時の1年間に地球上から除去された地雷の数は、せいぜい10万個程度。地球上にすでに埋められた地雷の数が一億個を超えている

ので，このスピードで地雷を除去していては1000年経っても地球上から地雷をなくすことはできません。撤去が大変なことや，人手が足りないことが主な理由です。また理由の一つとして，地雷の値段が1個300円なのに対し撤去費用が1m²あたり10万円かかることも挙げられます。

⑥ 『さて，こうした地雷で困っている国に何か援助はできないでしょうか？』「募金すればいい。」「現地に行って地雷撤去を手伝う。」といった意見が出てきます。『そうですね。実際にそれを行っている日本の団体もあります。』と，支援団体のホームページを見せて紹介します。この中には実際の活動の様子が載っているので，それを読み上げるなどして教えていきます。支援は地雷の撤去だけにとどまらず，生活支援や学校への援助も行っていることにも気づかせていきます。

⑦ 支援を行っているのは，彼らだけではありません。手間のかかる地雷撤去を効率よくやろうと機会を開発した企業があるのです。地雷の撤去は危険な作業です。一つ間違えば，自分が命を落としかねません。そうした心配を払拭し，人が危険な目にあわないようとシャベルカーやブルドーザーをもとに地雷撤去のための機械を開発し，現地で活用しています。

⑧ ここまで，学習した感想を書いて話し合います。「地雷で手や足をなくした子はかわいそう。」「地雷がすごく多くてびっくりした。」「自分たちも募金したいと思う。」といった感想が出されます。中でも秀逸だったのが，「地雷を撤去している人たちは，地雷を撤去するだけでなく，現地の子どもたちの笑顔もつくっている。」というものでした。

（写真提供：日建）

⑨ なお，地雷除去の最終目的は，命を失うことや怪我の回避からさらに進んで，本来農業生産国であるカンボジアの農民に安全な田んぼを地雷除去

によって返還し，稲作を再開することで経済的な自立を目指すことであることも伝えます。

⑩ この後，『日本では，地雷撤去以外に他の国のためにどんな貢献をしているのでしょうか？』と投げかけ，世界の抱える問題と日本の貢献について，さらに学習を広げていきます。

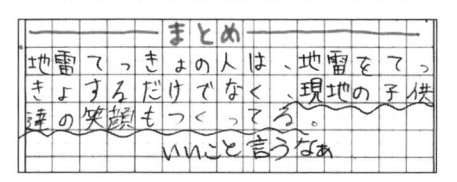

> まとめ
> 地雷てっきょの人は、地雷をてっきょするだけでなく、現地の子供達の笑顔もつくってる。
> いいこと言うなぁ

> ●地雷でけがをして、何もかもいやになったりすることなく楽しく生きれているのか？
> ●まずは地雷を作ることをやめなければならないと思う。
> ●でもまだ作っている所がある限り今すぐに作るのをやめることができないとも思う。 そうなんだねぇ
> ●撤去作業が今のペースだと1000年以上かかるけどそれでも、撤去作業をしてる(撤去作業に)のは、すごいし、私達も募金などできょうけんできたらいいと思う。 いいこと言うよね

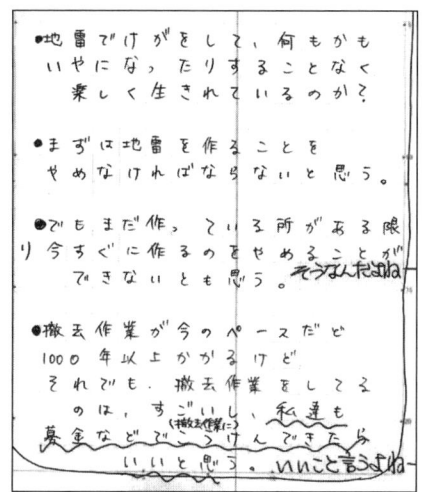

### ここもポイント！

① 導入で使った写真は，東北大学東北アジア研究センターの佐藤源之教授の取り組みである。佐藤氏が開発した地雷検知器はこれまでより非常に早く，確実に地雷を発見することができる。
　（研究室　http://magnet.cneas.tohoku.ac.jp/satolab/satolab-j.html）
② 地雷撤去などに取り組んでいる団体には，下記の団体などがある。
　・一般財団法人　カンボジア地雷撤去キャンペーン（CMC）
　　http://cmc-net.jp/
　・NPO法人　国際地雷処理・地域復興支援の会（IMCCD）
　　http://www.imccd.org/
③ 地雷撤去に取り組んでいる企業には，日建（旧・山梨日立建機），コマツなどがある。地雷撤去の様子はYouTubeで動画にて見ることもできる。

6年 世界の国々

## 24 「世界の国々クイズ大会」

### こうして仕掛ける！

　日本とかかわりが深い国についての学習をしてからオプションとして行います。クイズを考え，出し合うことで，大いに盛り上がります。しかもクイズの選択肢を考えることで思考力もアップします。

**仕掛けるための準備・ツール**
○　特になし

### こうして授業展開！

① 　教科書で取り上げられているのは，アメリカ，中国，韓国，サウジアラビアです。この4か国について，まずは概略を学習します。具体的には，教科書を読むとか，変わった習慣の話をするとか，生活とのつながりとか，穴埋め式のワークシートに書くなどが考えられます。ここはあまり時間をかけません。

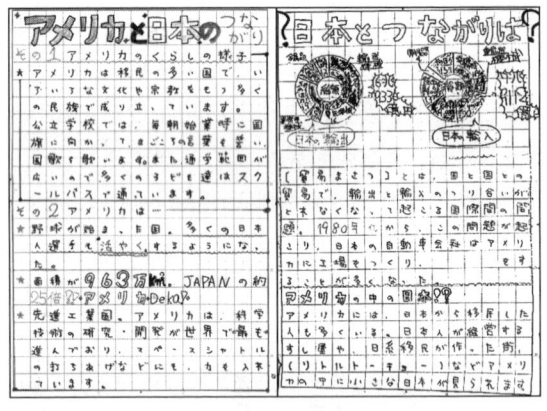

② 　次は，4つの国のうち一つを選んで，ノート見開き2ページにまとめます。ここでは，教科書や資料集，インターネット，図書室の本，その他自分で見つけた資料を使って詳しく調べるようにさせます。

③　この見開き２ページのまとめを屋台式で発表するだけでも十分と言えば十分なのですが，ここでもう一工夫。これをもとに，クイズ作りをして，みんなで出し合うクイズ大会をすることを告げます。クイズは必ず三択にします。正解以外の選択肢を考えることが思考力アップにつながるからです。

④　さて，作り始めます。自分が調べたことをもとにするので，意外に作りやすいようです。一人で何問も作る子が出てきます。

⑤　さあ，クイズ大会です。立って歩いて自由にペアを作り問題を出し合います。１問ずつ出し合ったら，ペアを替えていきます。あちらこちらで笑顔が見られ大いに盛り上がります。

▸ここもポイント！◂

①　答えが間違ってないかどうか事前にチェックしておく。
②　掲示してみんなで見られるようにしてもよい。

第２章　学年・単元別　楽しく学ぶための仕掛け術　137

# 第3章 「楽しい」を「さらに深く学ぶ」につなげていくために

## 1 楽しいだけじゃない社会科にするには？ 1
## 『新しく知る』ことが社会科の最大のおもしろさ

### ●●● 知らない→知ってる！ ●●●

　社会科の一番のおもしろみは新しい知識を得ることだったり、いろいろな考えにふれたりすることです。みなさんも経験ありませんか？「へえ〜、そうだったんだー。」っていうこと。それです、それ。それが社会科の一番おもしろさなんです。

　例えば、本書にも出てきましたが、貴族の女性はトイレに行って用を足すときは「おまる」を使っていました。あの華麗な十二単を着た貴族が…。「おまる」ですよ。他にもありますね。沖縄ではあんなに雨が降るのに水不足になりやすい。おかしいでしょ？川が短いからなのです。（最近はダムもできて、結構解消されたみたいですが。）だから、どこの家でも水タンクをつけているのです。「へぇーっ」って思いませんか？

　これこそが社会科の真のおもしろさです。新しく知ることが楽しくなると、社会科が楽しみになります。子どもによっては、どんどん自分から調べるようになります。こうなったらしめたものです。進んで調べる子どもを軸にして授業を進めていくことで、他の子も巻き込んでいけます。

### ●●● きっかけをつくること ●●●

　上記で二つほど「ネタ」を紹介しました。ネタは単純に子どもの興味を引くことができます。本書でもたびたび紹介している有田和正先生は、数々のネタを開発しました。まずは、これらを真似してみる、というのが一つの方法です。それをきっかけに調べる活動を進めていけばいいのです。有田先生はたくさんの著作を残されていますから、ぜひ一度お読みください。

　もちろん、新しいことを知るきっかけはネタでなくともいいわけです。例えば、小西正雄先生（鳴門教育大学教授）が提唱されている「提案する社会

科」にあるような学習活動も新しく知るきっかけになります。本書では，「消火栓はどこに作ったらいいか。(P32)」がそれにあたります。これを考え，実際の配置の仕方を調べることで，消火栓の配置の法則性を知ることができるのです。

　また，討論も新しく知るきっかけになります。討論で自分の主張を強化するために根拠となることを調べる，ということがあります。この時も新しく知識を得ることになります。

　このように，何かしらのきっかけを作ることが必要になります。多少手間がかかっても，一つやってみましょう。確実に子どもたちの学習の何かが変わります。

### ●●● 調べ方を教えること ●●●

　とはいえ，子どもたちに調べ方が身についていなければ新しく知識を得ることもできませんね。「はい，調べてね～。」と言っても自然に調べられるわけではありません。いろいろな方法があることを提示し，そのやり方を教えていく必要があります。

　例えば，教科書や資料集，文献資料の使い方。百科事典の使い方。地図帳の使い方。写真の見方。グラフの見方。手紙（メール）の書き方。電話の仕方。インタビューの仕方。インターネットでの検索の仕方。数えてみればたくさんありますね。

　これらのことは一度にすべてを教えることはできません。ですから，一つの単元で一つ，または二つの調べ方を教えるのです。例えば，商店街の学習でインタビューの仕方を教える，暖かい地方の暮らしの学習で手紙の書き方を教える，水産業の学習でグラフの見方を教える，というようにします。

　一度経験をしておくと，自分の中の手札が増えます。「あっ，あの調べ方が使えるな。」と応用することができます。もちろん一度ではなかなか身につかないこともありますが，何もしなければ成長はないのですから，あきらめずに繰り返していきましょう。

## 2 楽しいだけじゃない社会科にするには？ 2
# 資料の読み取らせ方

### ●●● 写真や絵図はこう読み取る ●●●

写真や絵図の読み取り方を教えるのって，けっこうやっかいですよね。
**教師**『気づいたことはありませんか？』
**子ども**（え…。そんなこと言われても，何も気づかないよ…。）
ということがけっこう多いのではありませんか。よほど，読み取り方を鍛えたクラスでなければ，たくさんの気づきは生まれません。

そもそも，その写真や絵図で何を読み取らせたいのか？そのことが明確になっていなければなりません。ですから，読み取らせる場合には，発問の形で読み取る視点を提示するのです。例えば，武士の館の絵図であれば，『この絵の中から，武士は戦いに備えていたことがわかるところを見つけましょう。』と問います。すると，見るべきものは「戦いへの備え」になります。「囲いがしてある。」「堀が掘ってある。」「見張りがいる。」「武芸の練習をしている。」ということを見つけるでしょう。他にも縄文の絵図で『季節はいつでしょう。』と問うとか，スーパーマーケットの写真を見せて，『売るための工夫を見つけましょう。』と問うことも視点を与えていることになります。

このようにして鍛えてきたら，次の段階です。「気づいたこと→考えられること」を書くのです。本書の例で言うと，P118「焼き場に立つ少年」の事例や，P122「オリンピックの写真から」がそれにあたります。これができるようになってくると，見る目や考える力がぐっと進化します。

### ●●● グラフの読み取り方 ●●●

これは，5年生で教えることが多いです。私は水産業の学習で，漁業別の漁獲高の推移を読み取らせるときに教えます。手順は次の通り。
① タイトル・題（何を表したグラフなのか。）

② 年度，出典（いつのグラフか，どこで作られたものか。）
③ 縦軸，横軸の単位と目盛の数（何が表されているか。）
④ 数値と変化（何が多いのか，少ないのか。どのように変化しているのか。）

　これを順番に読み取っていきます。まずは，数値の変化を大まかに読み取ります。一番多いとか，ここから減っているとか，そういう感じです。ここまでやってから，このグラフから何がわかるのか考えます。初めのうちは発問の形を使います。『遠洋漁業の漁獲高が減っていったのはなぜだろう？』『養殖が増えてきたのはどうしてだろう？』と考えるのです。これを，自動車工業のグラフで，工業地帯のグラフで，と何度か繰り返していきます。そのうち『何か，疑問に思うことはないですか？』と問います。すると，自分から変化の理由に着目するようになるのです。

## ●●● 教科書，資料集での調べ方 ●●●

　本書では，「教科書や資料集で調べます。」という記述がよく出てきます。それを行うことは簡単ですが，文献資料を調べると丸写ししてしまう子どもが出てきます。まあ，当然ですね。何が大事で何が大事ではないのかがわかりませんから。

　では，どうしたらいいのか？それは，読んでわかったことは短い文で箇条書きにさせるのです。こうすることで，丸写しは確実に減ります。とはいえ，最初は書き方がわからないでしょうから，やり方を教えます。そして，上手に箇条書きしている子のノートを見せて，書き方をアドバイスするのです。教科書や資料集を読む機会は何度もありますので，これも繰り返して身に付けさせます。

## 3 楽しいだけじゃない社会科にするには？ 3
# ノートの鉄則「バン・カイ・ギ」

### ●●●「バン・カイ・ギ」って何？ ●●●

　ノートの鉄則「バン・カイ・ギ」とは『東大合格生のノートはかならず美しい』（太田あや著・文藝春秋）の中で，麻布中学・高校の原口宏先生が述べられていることです。

　「バン」とは板書のこと。黒板に書いたことを書くということです。行頭をそろえたり，色を使ったり，1行開けたりして見やすくすることを意識して書きます。

　「カイ」は解説。板書にない先生の説明や，友達の意見，自分で調べたことなどを書きます。

　「ギ」は疑問です。授業中に「～って何だろう？」「なぜ，～なんだろう。」といった疑問をノートに書いていくのです。これは，あとで調べたり，先生に聞いたりするためのものです。

　これ，実に語呂がいいです。合言葉にできそうです。なんたって東大合格生がやっていることですから，効果がありそうです。そこで，これを小学生にもやらせてみました。

### ●●●「バン・カイ・ギ」をやってみよう！ ●●●

　「バン・カイ・ギ」を教えただけでは定着しません。これを徹底させるためには，ある方法をとる必要があるのです。その方法というのは，「評価」と「コメント」と「いいノートの紹介」です。
① 授業の最後にノートを集めます。
② 集めたノートに目を通し，A・B・Cの評価と短いコメントを書きます。長いコメントはいりません。長く書こうと思うと続けられなくなります。それよりも毎回のように集めて，いいところをほめていった方が効果的

です。
③　いい書き方をしている子のノートに付せんを貼っておきます。
④　次の授業の最初にそのノートを紹介し，どういうところがいいかを説明します。
⑤　そうすると，必ずそれを真似する子が出てきます。そうしたら，今度はそれをほめるのです。『他の人のいいところはどんどん真似していきましょう。パクリ，OKです！』と言っておくとさらにいいです。

　こうすることで，ノートの書き方が広まっていきます。
　さらに，疑問も書くようになったら，授業の初めにそれを取り上げて，子どもに問い返したり，先生がそのことについて説明したりします。こうすることで，疑問を書くと学習が深まっていくことを実感させるのです。
　ノートの書き方が変わると，授業への集中度がぐっと上がります。話の聞き方もよくなります。
　何を書くか，どのように書くかは，すべて自発的な活動です。「これは大事だ。」という判断や，「なぜだろう。」という疑問の発生は子供に委ねられています。内容を自分で判断し選択してどんどん書き込むことで，記述する力が（視写する力・聴写する力も）向上します。また，社会科用語の意味もそのつど書くことで覚えやすくなり，語彙が増えることで文章表現の幅も広がります。さらに，文献資料の活用の際にも必要な部分だけを書くようになります。丸写しが減るのです。
　次頁にて，具体的な例を紹介します。

このページの2つの例（資料1）は，同じ授業で書かれたノートです。書いた子のオリジナリティにあふれています。

　この時間は，板書だけだったらわずかノート半分で終わってしまう内容です。しかし，教師の話や資料から知ったことを記述することで学習が深まったり広がったりしていることがわかります。

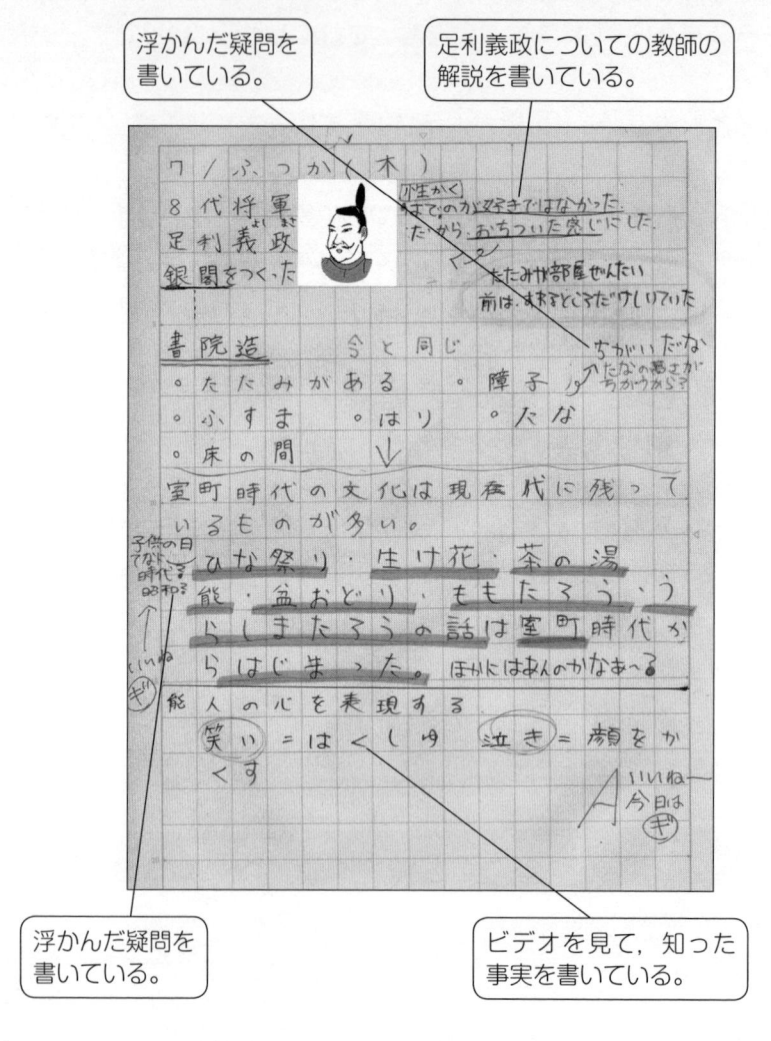

- 浮かんだ疑問を書いている。
- 足利義政についての教師の解説を書いている。
- 浮かんだ疑問を書いている。
- ビデオを見て，知った事実を書いている。

この紙面ではわかりづらいと思いますが，このノートは色ペンも使われています。色を使う時には，ただカラフルにするのではなく自分の中でルールを決めるように指導しています。（自分の感想は黄色，とか）

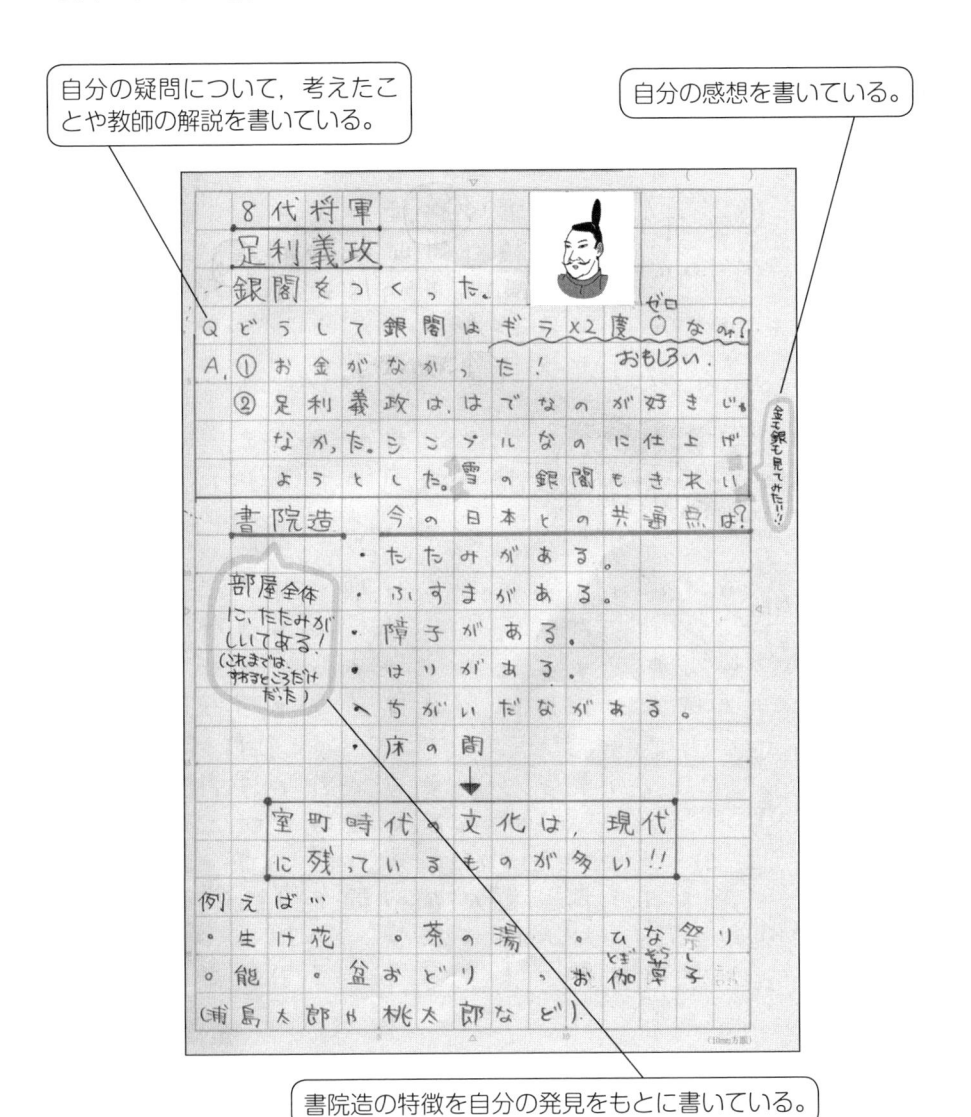

> 自分の疑問について，考えたことや教師の解説を書いている。

> 自分の感想を書いている。

> 書院造の特徴を自分の発見をもとに書いている。

第3章　「楽しい」を「さらに深く学ぶ」につなげていくために　145

# 4 自分の考えの書き方

楽しいだけじゃない社会科にするには？ 4

### ●●● 書き方の定型を教える ●●●

　学習問題に対して自分の考えを書く活動を多く取り入れています。事実をもとに思考する力をつけるためです。自分の考えを筋道立てて述べることができるようにするために，次の３つのことを教えています。（主に６年生に教えています。）

### ●●● 型を教える ●●●

　一つ目は論述の型を教えることです。頭括型（結論＋理由）または，双括型（結論＋理由＋結論）をとり，その理由の数を初めに示すようにさせています。これを取り入れると，自分の考えが整理され，相手にも伝わりやすくなるというメリットがあります。

> 元が再び攻めてきたとしたらどちらが勝っただろう？
> 元が勝ったと思う。
> 理由として，２つあげる。　いい書き方
> １つ目は，日本の武士の士気が高まらなかったと思う。命がけで戦ったのに領地があたえられなければ，戦いに参加する気も無いと思う。
> ２つ目は，暴風雨がくるかわからないし，元も船をしっかりと造ってくると思うからだ。元もそれほどバカだとは思えない。さすがに船をがんじょうに造ってくるのではないか。それに，暴風雨がくる月と，さすがにずらすと思う。
> だから私は，元が勝つと思う。

### ●●● つなぎ言葉を教える ●●●

　二つ目は「つなぎ言葉」の使い方を教えることです。理由を言うときは「なぜなら」，順序立てて言うときは「初めに」「次に」「さらに」「しかも」，まとめるときには「つまり」，事実と結び付けて言うときは「確かに」「このことから」，というように１回の授業で一つずつ教えていきます。

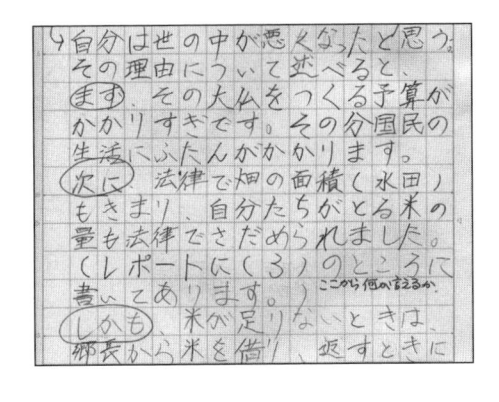

　これによって，言い回しを覚えるようになり，書き方のバリエーションが増えるのです。

### ●●● 引用を教える ●●●

　三つ目は「引用」という方法を教えることです。どの資料のどんな内容をもとに考えを述べているかを示すことが説得力を増すことにつながる，ということを知らせるためです。文中に資料の出典と内容を示し，それをもとに自分の考えを書かせています。

### ●●● 意見交換につながる ●●●

　ノートに書いた自分の意見をもとに，話し合いにつなげることもできます。実際私の実践では，討論をすることを前提に自分の考えを書かせることが多いです。論理的に整理してから話し合いに移ると，より深まりが生まれます。

# 5 楽しいだけじゃない社会科にするには？ 5
## 知識もきちんと定着させる

### ●●● 陥りやすい罠 ●●●

　社会科が好きな人が陥りやすい罠があります。それは，おもしろい教材を提示し，それを楽しく学習するだけで終わってしまうことです。だから，市販テストの点数はあまり芳しくありません。「楽しく勉強しているからいいじゃないか！」と開き直ってみても，知識がちゃんと定着していないのは事実です。

　私もかつてこの罠に陥っていました。大仏の顔全部を作ってみたり，ニュース番組作りに時間をかけてみたり…。子どもたちはとても楽しげに，一生懸命活動に取り組んでいました。しかし，テストの点数は悪い。何年かして，「やはり，知識もちゃんと身に付けさせないとダメだな。」と考えるようになりました。

### ●●● ミニテスト ●●●

　知識の定着のために最初に行ったのは，ミニテストです。本書では「都道府県チャレンジ」や6年生のフラッシュカードがそれに当たります。また，5・6年生では社会科用語や人物，出来事など名称を覚えることが多くなります。そこで，授業の最初に「5問テスト」を行っていました。これは，口頭で問題を出し，子どもたちはノートに答えを書いていき，5問出したら最後に答え合わせをする，というシンプルなものです。でも，これによって自分がどの程度覚えているのか把握することができ，また，先生の解説を聞くことで思い出したり，さらに記憶を強化したりできます。

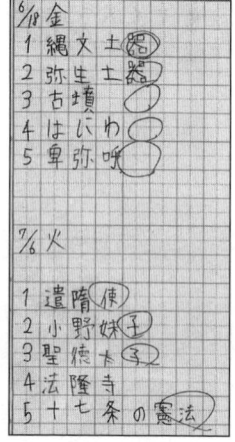

## ●●● 単元の終わりにプリントで確認する ●●●

単元が終わりこれからテストをする，という時にプリントで内容を確認します。これは，テストの問題に合わせて漏れがないように留意して問題を自作します。

これによって，曖昧だったことが整理されますし，用語の復習にもなります。

自作するのは大変ですが，これも子どもたちの学習のためです。

このように知識をきちんと定着させるとテストの点数もよくなります。点数がよくなると，その教科が好きになってきます。結果，さらに意欲が高まる，という好循環になっていきます。

---

これがわかればカンペキ！ **3「平安時代」**

名前＿＿＿＿＿＿＿

1 次の問題に答えましょう。
(1)「望月の歌」をよんだ貴族。天皇をしのぐ力をもっていた。（藤原道長）
(2)(1)で答えた人が力をつけたのは（ 天皇 ）と自分の娘を（けっこん）させて，親戚になったから。
(3)(1)で答えた人が力をつけたのはたくさんの（領地）をもっていたから。
(4)「源氏物語」を書いた人（紫式部）
(5)「枕草子」を書いた人（清少納言）
(6)貴族が住んでいたやしき（寝殿造）
(7)日本風の絵（大和絵）
(8)漢字をくずしてできた日本の文字（ひらがな）
(9)漢字の一部分をとってできた日本の文字（カタカナ）
(10)平安時代の女性の着物（十二単）
(11)平安時代の都の名前（平安京）
(11)（ ）に当てはまる言葉をいれなさい。

貴族は，朝廷の重要な役につき政治を行った。また，宮殿を中心にさまざまな（行事）を行った。これらの中には現在も行われているものがある。屋敷では（和歌）や（けまり）などを楽しんだ。

2 平安時代のことについて正しいものには○，まちがっているものには×を( )に書きましょう。
①（○）貴族のはなやかな暮らしは，農民などの働きによって支えられていた。
②（×）貴族は夜も朝廷で仕事をしていた。
③（○）中国の影響を受けない日本風の文化がさかんになった。
④（○）平安時代は色が白くて顔が大きい人が美人だった。
⑤（○）資料集P34の「平等院鳳凰堂」は10円玉にえがかれている。

## おわりに

　その昔，テレビ番組で「トリビアの泉」という番組がありました。番組では「ムダ知識」と銘打っていましたが，「へぇー」と思わされることが何度もありました。ある種の小さな感動を覚えることもありました。
　私は，この小さな感動が社会科を学んだ時の感動に近いと思うのです。
　きゅうりを栽培する農家の方は，よく育つようにするためにナスの根と継いでいました。かまぼこを作る工場では，社長が，練った材料の味見を必ずしていました。焼却施設では，ごみを燃やすときのダイオキシンが出ないように高温で蒸し焼きにして，そしてその灰を再利用していました。資源ごみだけでなく，燃やせるゴミも再利用なのです。縄文人は季節の旬の食べ物を知っていました。クッキーを作ったりするなど調理もしていました。長篠の戦いで武田軍を苦しめたのはたくさんの銃でした。それも，弾そのものよりもその大きな音で馬が怖がってしまっていたことが。
　他にも山ほどありますが，このように私は社会科でたくさんの発見をしてきました。発見した時の感動が社会科の醍醐味です。こうした感動を子どもたちに味あわせたいと思い，社会科の授業にこだわってきました。

　でも，感動を味あわせたくても，子どもはその入り口にすら来てくれていないのが現状です。その入り口に連れてくるにはどうするか？それが本書のテーマであります。
　一見無味乾燥な題材をいかにおもしろくするか？とっつきにくい難しい言葉をいかに覚えさせるか？身近に感じさせるにはどうするか？どれも，これまでの授業の中で見出してきたものです。このやり方で社会科を好きにさせてきました。（手前味噌で恐縮ですが，教務主任時代に5，6年生の社会科専科をしていた時には，社会科の授業がつぶれると子どもたちから大ブーイングが起こったそうです。）

「社会科は，人です。」

これは，教育実習に行ったときに指導教官に聞いた言葉です。その時は意味がよくわかりませんでしたが，今はわかります。社会科は人の生活の営みを学ぶ教科なのです。そんなに高尚なものではないはずです。その人間臭さをもっと前面に出して，とにかくおもしろがること。そして，人々の知恵と苦労を肌で感じること。そういう社会科の授業ができればいいなあと思います。

この本を書くにあたって，私に影響を与えてくれたたくさんの方々がいます。たくさんのことを学んだ故有田和正先生，「提案する社会科」の小西正雄先生。有田先生のことを教えてくれた武山達弥先生。たくさんの人と交流するきっかけを作ってくれた福島の阿部隆幸先生，社会科の深さを教えてくれた岩手の佐藤正寿先生，有田先生のことをさらによく教えてくれた兵庫の古川光弘先生，俵原正仁先生。もっと社会科を身近にしようと提言してくださっている國學院大學教授の安野功先生。ここに挙げたみなさんのおかげで，私の社会授業が成り立っています。ありがとうございました。また，執筆のオファーをくださった明治図書出版の松川直樹さんには，感謝しています。

最後に，私の授業をおもしろがって盛り上げてくれたたくさんの教え子たちに感謝の気持ちを込めて，「おもしろかっただろ？」と言っておきます（笑）。

この本との出会いが，あなたの明日からの社会授業を楽しくしてくれることを願ってやみません。

佐々木 潤

【著者紹介】
佐々木 潤（ささき じゅん）
1962年，宮城県生まれ。現在，宮城県石巻市公立小学校勤務。授業づくりネットワーク・東北青年塾スタッフ。お笑い教師同盟・東北支部長。実践研究，講演などを精力的に行っている。「一番受けたい授業」（朝日新聞社編）で全国76人の「はなまる先生」の一人に選ばれる。著書に，『THE 教師力ハンドブック 学級開き入門』（明治図書），『一日一笑！教室に信頼・安心が生まれる魔法のネタ』（学事出版）など。ほか，共著多数。

社会科授業サポートBOOKS
社会科授業がどんどん楽しくなる仕掛け術
―どの子も社会科好きになる授業ネタ＆アイデア―

| 2016年3月初版第1刷刊 ©著 者 | 佐　々　木　　潤 |
| 2021年7月初版第5刷刊 発行者 | 藤　原　光　政 |
| 発行所 | 明治図書出版株式会社 |
| | http://www.meijitosho.co.jp |
| | （企画・校正）松川直樹 |
| | 〒114-0023 東京都北区滝野川7-46-1 |
| | 振替00160-5-151318　電話03(5907)6704 |
| | ご注文窓口　電話03(5907)6668 |

＊検印省略　　　　　組版所　共　同　印　刷　株　式　会　社
本書の無断コピーは，著作権・出版権にふれます。ご注意ください。

Printed in Japan　　　　　ISBN978-4-18-188714-8
もれなくクーポンがもらえる！読者アンケートはこちらから →